그날이 오면

부제 - 온이랑

함영달 著

홍익출판사

들어가기

필자의 저서 「그가 남긴 흔적」이 출판된 지 5년이 지나 「그날이 오면」 이라는 시집을 출판함에

5부에서는 「그가 남긴 흔적」에서 채 밝히지 못한 부족한 부분을 보충하여 우리 민족의 뿌리를 찾고자 하였다. 우리 한국어가 영어와 다르듯 모든 인류는 국가나 민족을 기준으로 자신들에게 맞는 각자의 언어를 사용하고 있어 언어가 다른 이유를 나름대로 설명하지만 성경에서는 원래 인류의 언어는 하나였는데 바벨탑 사건으로 하나님이 인류의 언어를 혼잡하게 하여 인류를 흩으셨다고 기록하고 있다. 그 성경의 기록이 사실이라면 혼잡하기 이전의 언어가 분명히 있어야 하는 것이고, 언어가 가지는 특성 중 하나인 "사회적 약속"에 따르는 보편타당성이 현대 언어에도 적용이 되어야 한다는 것이 필자의 주장이기에 필자는

1) 한자를 통해서,
2) 역사서를 통해서,
3) 현대 언어 중 인간에게 가장 기본적으로 사용되는 언어 예컨대 아버지, 하나님, 생명, 탑,,,,,,.등
4) 풍속과 의복, 식습관, 제례 의식, 장묘문화 등

을 통하여 이를 증명하였다.

필자는 언어학사로서 인류 최초의 언어와 문자를 인류 최고의 바이블인 성경과 역사를 비교 분석함으로써 이들에게서 일관된 하나의 공통점을 찾았고 모든 것들이 하나의 목적을 이루기 위한, 이럴 수도 있고, 저럴 수도 있다는 이론이나 학설이 아니라 진리라는 것을 알게 된바 여기에는 더 많은 연구가 있어야 되리라 사료되며 진위 여부의 판단은 독자들의 몫이라 하겠다.

야곱과 요셉과 이삭의 하나님이 아브라함의 하나님이듯이, 요밥과 욕단과 벨렉의 하나님이고, 에벨과 셈과 노아의 하나님이시기에 "을"(아람어)이나 "알라"(아랍어)나 "여호와"나 "야훼"나 동일하신 천지를 창조한 하나님을 가리키는 언어다. 그러나 동일하신 하나님을 믿는 그들이 서로 종교가 다르다고 하여 싸워왔고 오늘날에도 이스라엘과 하마스는 전쟁으로 매일 수많은 사람이 죽어 나가는 일이 계속되고 있으니 중동의 전쟁사는 어제오늘의 일이 아니다. 왜 그럴까?

이유는 간단하다. 그들이 믿고 있는 동일하신 유일신에 대한 무지의 결과이다. 유일신이신 하나님은 성부, 성자, 성령의 삼위일체의 하나님이시다.

그러기에 하나님이 당신을 부르실 때 "우리"라 하였고

> "우리의 형상을 따라 우리의 모양대로 우리가 사람을 만들고.......(창1:26)"

"예수께서 이르시되 진실로 진실로 너희에게 이르노니 아브라함이 나기 전부터 내가 있느니라 하시니(요8:58)"

이 말씀을 받아들인다면 유대교와 이슬람교가 싸울 이유가 없는 것이다. 무슬림과 유대교인은 유일신이신 하나님의 속성이 삼위일체 하나님이란 것을 모르기에 예수를 부정해서 벌어진 무지의 결과인 것이다.

카인은 곡물로, 아벨은 양의 피로 예배를 드렸지만, 아벨의 제사는 받고 카인의 제사는 받지 않으셨다. 왜 받지 않으셨을까? 화가 난 카인에게 의(義)를 행하라고 하나님은 간곡하게 타일렀지만 그는 의를 행하지 않고 아벨을 죽이는 인류 최초의 살인자가 된다. 그럼 "의"가 무엇이란 말인가?

義 : 羊+我 양 아래 나를 두다.

문자 그대로 아벨은 양의 피로 죄 씻음을 받았지만 카인은 죄 씻음을 받지 않았다. 그 양이 바로 십자가에서 제물이 되어 피 흘리며 죽어 가신 예수 그리스도를 예표 하는 것이고 아담과 하와가 에덴동산에서 가죽옷을 입은 것과 같이 구약의 역사는 그 오실 그리스도에 관하여 기록한 내용이다.

세상은 4대 종교와 4대 성인을 말하는데 필자는 「그가 남긴 흔적」에서 종교란 "에덴동산의 하나님을 가리키는 것"이라고 밝힘에 불교(힌두교 포함)는 종교가 아니라 철학이라고 말한 바 있고, 예수는 성인이 아니라 삼위일체 하나님 중 성자이시며 우리는 그 삼위일체 하나님의 양자라고 하였다. 이슬람교는 종의 종교요, 유대교는 서자의 종교이다. 따라서 유대인과 무슬림들은 대 제사장인 기독교의 예배에 참여하여만 성령의 임재와 죄 사함을 받을 수 있다. 오늘날 이슬람교의 예배나 유대교의 예배에 성령의 임재가 없고, 예배를 받지 않는다함은 그들이 삼위일체 하나님을 부정하는 이유이며,

카인의 예배를 받지 않는 이유와 같이 피 흘림의 죄 사함이 없었기에 그의 제물을 받을 수 없었던 이유와 같다. 큰 자가 작은 자를 섬겨야 한다고 하였듯이 벨렉의 후손은 욕단의 후손을 섬겨 예배에 참석하여야 죄 사함을 받고 천국에 들어갈 수 있는 것이다. 이슬람교와 유대교는 세상을 창조한 창조자이신 유일신을 믿는 종교이며 아브라함의 하나님을 믿는 종교이다. 그러나 그들은 정작 삼위일체 하나님을 부정하기에 예수를 부정하고 있지만 필자는 그들의 잘못된 신앙관을 재조명하고 있다.

오늘날 이스라엘과 하마스의 전쟁, 이스라엘과 중동의 전쟁, 그리고 유대교와 이슬람과 기독교의 갈등, 역사적으로는 십자군 전쟁과 히틀러에 의한 유대인 학살과 나라 없이 이천 년간 이방인으로 세상을 방랑했어야 하는 이유, 공산주의의 출현 이유 등……… 일찍이 함석헌 선생께서는 새로운 종교 탄생을 갈망하였다. 지금의 유대교와 기독교, 이슬람교로는 나아가 불교와 공산주의 사상으로는 도저히 화합할 수 없다는 신앙의 굶주림을 깨달은 선각자이다.

필자는 필자의 저서에서 하나님의 정체성을 밝혔고 유대인과 이슬람교인이 알고 있는 유일신 하나님을 밝힘으로써 예수가 그리스도임과 불교와 유교가 종교가 아님을 역사와 문자와 성경의 말씀에 따라 밝혔다.

세상 사람들은 묻는다. 너가 누구냐고? 큰 자는 자기가 엘리야가 아니라 하여 그분의 말씀을 부정하였지만 나는 지극히 작은 엘리야다.

이에 대한 자세한 내용은 본서 5부와 「그가 남긴 흔적」에서 자세히 설명하고 있고,

본 서적을 읽는 모든 이에게, 특히 유대인과 무슬림들에게 하나님의 은혜가 함께하길 간절히 바란다.

주후 2024. 2.

함 영 달

그날이 오면

그날이 오면
삼각산이 춤추매

종각을 인경으로 들이받고
죄인 몸 가죽 벗겨

북 만들어 들쳐메고는
더덩실 벌거숭이 춤춘 들

한 점 부끄러움 없을 것이라....... 1)

울 할배
왼팔 잘리고 오른팔 잘림에도

그것도 채 산다는 게 부끄러워
육신이 네 동강 나 선혈이 낭자했는데....... 2)

사람이 다스리는
그깟 더러운 나라 찾겠다고 처절히 붉은 피 토해 냈는데

환하신(桓因)님이 다스리는 그날이 오면은 3)

좌, 우, 보수, 진보, 빈부, 인종, 성폭력, 사이비 협잡꾼 없고
거짓말하면 부끄러워 고개 숙이곤
뻔뻔함, 땅바닥에 들러 엎고선 숨죽여 용서구함에

순결타 가슴 시려
정치 협잡, 사기꾼 발붙일 곳 없는 깨끗한 그날이 오면은

죄인 몸 맷돌에 갈곤 불꽃에 짖어 님 오시는 길 밝힌 들
한 점 억울함 없사옴에

어서 오시어 욕심으로 가득 찬 사악한 거짓 세상 멸하소서!

그날이 옴에
더러운 이 몸 불꽃에 짖어 한 점 재 됨에

그래도 부끄러워 가슴이 미어질 듯 아파 오거든
흩날리는 바람에 조차 뿌려 끝내 없애 오리니

아버지여!

창조 때 불어넣으신
당신의 숨결 순결케 하사

시리도록 눈부신 샛 하얀 성령 비추시어

그날에

한 점 부끄러움 없이
아버지 얼굴 우러를 수 있도록 도와주소서!

---

1) 심훈의 「그날이 오면」 중에서

2) 양양 3.1운동의 함홍기 열사

3) 하나님의 어원 그의 저서 「그가 남긴 흔적」 23~24쪽 참조

목 차

1부

2부

3부

4부

5부

1부

결혼
- 부제 : 사랑하는 딸, 아들 결혼식에 부쳐

그 무슨
애틋한 사연 있어

지학의 긴긴 시간 속
두 분 그렇게 만나지 않으면 안 되셨나요?

그 무슨
사랑하지 않으면 안 될 애절한 태곳적 소망 있어

이립의 긴긴 세월 속
이렇게 화촉 밝히시지 않으면 안 되셨나요?

생육하고
번성하여
땅에 충만하라 하신 이가

둘이 하나 되어 가정을 이루라는 축복의 말씀을 이루려 함이 아닐런지요?

바다의 물고기와 하늘의 새와 땅에 움직이는 모든 생물을 다스리라 하신 이가

경천애인하라는 축복의 말씀을 이루려 함이 아니었는지요?

사랑하소서!

사랑할 수 없어,
사랑 다 이루지 못해

너무 아파 가슴 쓰너아픈 사랑 따위는[1]
훨훨 내 던져 버리고

아낌없이,
후회 없이
사랑하고 또 사랑하여

그 옛날

아버지의 아버지가 딸에게 말했던 것 같이
어머니의 어머니가 아들에게 말했던 것 같이

행복한 가정 이루어 백년해로 이루소서!

---

1) 쓰고 너무 아파 말로 다 못 한다는 시인의 창조 어

꽃잎

나 좀 봐주세요!

따가운 햇살
돋아난 새싹
목말라 갈증 느끼는 까닭입니다.

나 좀 봐주세요!

돋아난 노란 떡잎
당신 그리워
파란 풀잎 됨은
관심받고 싶은 까닭입니다.

나 좀 제발 봐주세요.

가녀린 모습
화려히 꽃펴
예쁘게 피어남은
당신 사랑 간절히 받고 싶은 까닭입니다.

가을날

추한 모습에
예쁜 꽃잎 일찍 또한 떨거움은
사랑했던 마음
잊지 말라던 애절한 소망입니다.

나의 시

1

내 시는
사상 해협
항해하는 돛단배

말하려야
말할 수 없고

이해하려야
이해할 수 없는

도무지 믿기지 않는
세상 이야기

주지로
치유 쌓는
사이코 테라피 트릭스(정신 치료학)

세상 짐
무거워
가쁜 해지려는
애처로움을

트라우마
극복하려는
눈물겨운 투쟁을
쉽게
말하지 마라!

탐미주의
가장한 가식 위선들

인간이
선하기만 하더냐!

세상이
아름답기만 하더냐!

2

사랑하고 싶은 것
사랑하는 것
사랑이라 말하지 마라

사랑할 수 없는 것
사랑할 수 없어

바람에 이는
잎새에도
괴로워한 시인이 있듯*

눈물겨운 애처로움으로
맞서지 아니한 자

아름다움을 말하지 마라!

사랑할 수 있는 것
누구나 다
사랑할 수 있으니까!

---

* 윤동주의 서시

"너희가 너희를 사랑하는 자를 사랑하면 무슨 상이 있으리오" (마 5: 46)

낙엽

시리도록
푸르른 가을 하늘

가릴 게 없어
덮을 게 없어

손바닥으로 가리고 덮은들
부끄러움 채 감출 수 없어

낯술에 얼굴 붉어
땅바닥에 나뒹군다.

바람이 불어온다
(함씨 종친회에 부쳐)

바람이 불어온다. 건국의 바람

삼위태백 신시마을
경천애인 홍익인간
인류문명 개벽하려
시월하고 초셋째날
단군할배 하늘문 열었다네.

바람이 불어온다. 역사의 바람

백두대간 중심한 곳
양근벌 함왕혈에 1)
삼한땅 밝히시러
함왕성 쌓으시고
인간세상 밝히셨네.

바람이 불어온다. 계림의 바람

백두대간 동쪽 고을
권력투쟁 항거하려
함신할배 김왕도와
명주벌판 밝히셨고 2)

백두대간 중심한 곳
한강벌 함왕후손
경천애인 홍산문화 3)
기상 높여 고려 건국

왕씨성 받으셨네. 4)

바람이 불어온다. 비극의 바람

백두대간 동쪽 계곡
님 향한 일편단심
고려국 충신 되려
공양왕 모셔다가
왕곡마을 만드시고

백두대간 인왕산숡
어엿비 여기려는
조선국 충신 되어
집현전 만드시고
형제가 원수 됐네. 5)

바람이 불어온다. 모진 역사의 바람

종노릇 사대주의
독립협회 무죄판결
소신 밝혀 판결하신
자주국 대한제국 6)

도적 같은 해방 도적
도적질 하지 말라
부르짖던 석헌할배 7)

백두대간 현산기슭
구속자 석방하라.
항거하다 피 흘리신
함홍기 열사할배
현산땅 밝히시어
대한민국 건국했네. 8)

도움말)

1) 양평의 옛 이름. 용문산 함왕혈에서 함씨 시조인 함왕주악께서 탄생하

여 삼한시대 부족 국가를 건국함. 현재 용문산에 함왕성터가 있으며 규모가 상당할 것으로 추정함.

2) 강릉 김씨의 시조가 된 명주군왕 김주원이 신라 왕위 쟁탈전에서 밀려 강릉 명주군으로 오실 때 함(신), 최, 박, 곽씨 성을 가진 4명이 동행하였고 현 5개 성이 강릉을 본으로 하고 있음. 한편 양근에서 강릉으로 본을 옮겼으나 한 분의 시조를 둠에 강릉이나 양근은 동일 본임. 명주는 강릉의 옛 이름.

3) 적봉시 홍산 유적에서 발견되었으며 세계 제5의 문명이라고도 하며 B.C 3천 년대로 추정 황하문명보다 일천 년 정도 앞섰으며 위치와 유적으로 보아 고조선의 배달국, 환국 등으로 추정됨.

4) 경기지역(양평)의 지방 호족 세력으로 왕건을 도와 고려 건국 2등 공신에 봉해졌으며 태조로부터 왕씨 성을 하사 받음. 역사서는 왕규로 기록하고 있으며 함씨의 중시조로 고려 왕건의 정신적 스승임과 동시 장인으로 북진정책의 고려 이념 등이 반영이 되었고 태조의 고명을 직접 받은 신하로 혜종과 정종에 이어 막대한 영향력을 행사했으나 광종 때 정치적 희생이 됨. 역사서는 왕규의 난으로 규정하고 있으나 지방 호적간 혜종과 정종과 광종에 이르는 형제들의 권력욕에 따른 희생으로 보아야 한다고 사료됨.

5) 함승경(고려 말 중추원 학사 조선 초 초대 집현전 대제학)의 두 아들 중 형인 함부림은 이성계를 도와 조선 건국 3등 공신에 봉해졌으며 관찰사, 대사헌 등 여러 관직을 거쳐 동원 군, 정평 공에 봉해졌으며 태종으로부터 정사에 있어 공명정대와 청렴함과 의에 있어 소신적 발언 등으로 뜻을 굽히지 않는 의지가 굳은 학자로 극진한 평을 받았고 동생인 함부열(죽계 공)은 고려의 공양을 모시고 강원도 고성군 왕곡마을에 정착하여 공양왕을 끝까지 모심. 고성의 왕곡마을에 대한 기원이 여기서 유래하였

으며 그 후손들은 조선 시대 벼슬을 거부하며 은둔자로 살아가며 오늘날 함씨 마을을 이루고 있음. 당시 함씨는 함규가 왕 건으로부터 함씨 성을 하사받아 왕씨 성을 병행하여 사용하였으나 조선 개국 후 함씨로 성을 바꾸어 현재에 이르고 있으며 형인 함부림이 형조판서로 있을 때 공양왕을 사사하라는 명을 받고 동생이 있는 고성에 왔을 때 형제간의 만남은 비극적 만남이었을 것으로 사료되며 공양왕의 가묘를 삼척 등 여러 곳을 사용한 것으로 보아 그 내용을 짐작케 할 수 있는 예라 할 수 있겠고 함씨 족보에 따르면 왕곡에 있는 묘를 부열과 그 후손이 극진히 보살핀 것으로 보아 공양왕의 능으로 추정 가능하게 한다고 사료됨. 많은 사람들이 여기에 역사적 지식이 없는바 고성군에서는 왕곡마을에 대한 관광자원 개발을 위해 역사적 사실을 사료화하여 공양왕의 능으로 복원하고 후대 충효 교육의 장으로 사용하여 충절의 고장으로 문화 관광도시로 도약하길 기대함.

6) 함태영 대한민국 부통령 지냄. 독립운동가 3.1 운동 당시 민족 대표 48인 중 한 명으로 대한민국 건국 공로훈장. 독립협회사건 무죄판결로 파직됨. 필자는 인간의 생명을 다루는 판결을 함에 있어 빌라도 총독과 같이, 또는 오늘날 벌어지는 사법농단에 대해 자신의 주관과 사명감 없이 판결하는 사법행위는 비겁한 것이라 시에서 밝힌 바 있음.

7) 함석헌 선생. 독립운동가. 종교가. 건국훈장 수여 저서 「뜻으로 본 한국역사」 등 다수

8) 현산 양양의 옛 이름. 또는 남궁억 선생의 현산학원에서 유래된 것으로 추정. 함홍기 열사 필자의 조부로 조선의 독립과 구속자 석방을 외치다 왜경의 칼에 육산아 4토막 나 순국함. 양양 현산문화제의 정신적 기조로 1990년 대한민국 건국훈장 애국장, 2004년 강원도민일보 3월의 문화인으로 선정.

함영달 족보

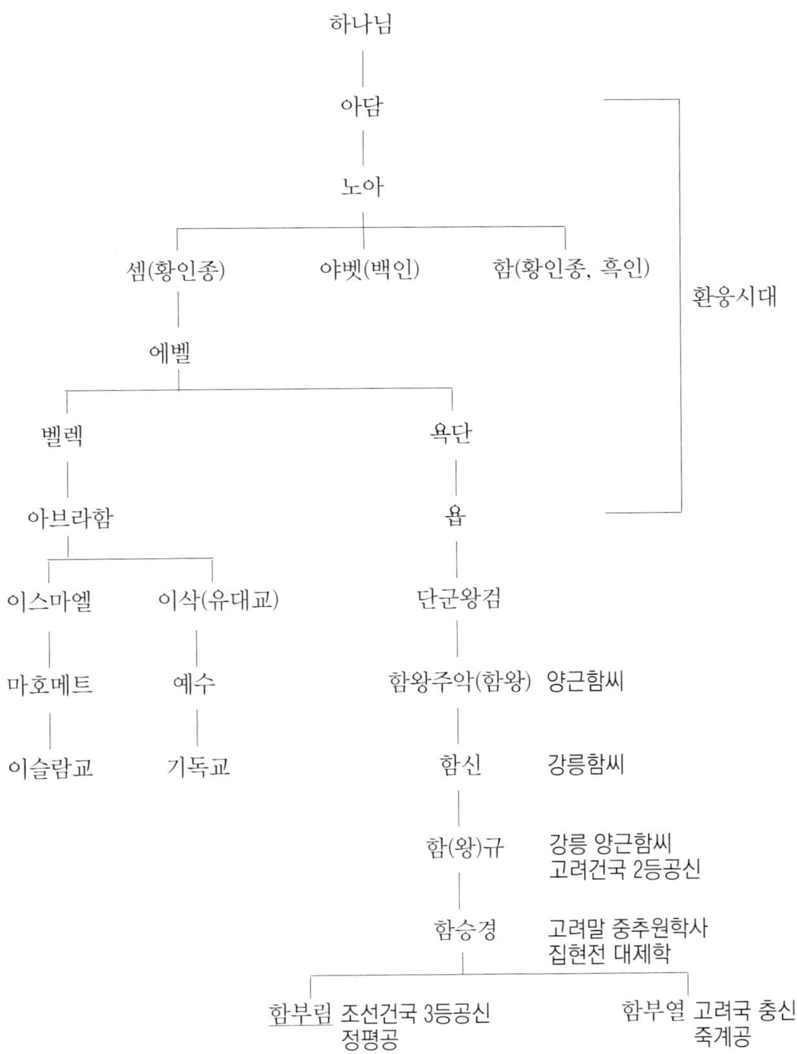
하나님
아담
노아
셈(황인종)
야벳(백인)
함(황인종, 흑인)
환웅시대
에벨
벨렉
욕단
아브라함
욥
이스마엘
이삭(유대교)
단군왕검
마호메트
예수
함왕주악(함왕) 양근함씨
이슬람교
기독교
함신 강릉함씨
함(왕)규 강릉 양근함씨
고려건국 2등공신
함승경 고려말 중추원학사
집현전 대제학
함부림 조선건국 3등공신
정평공
함부열 고려국 충신
죽계공

함홍기 대한민국건국 4등 공신

함영달 시인, 소설가

예원(임석진) 서연 승원(이도은)

낙화
- 부제 : 꽃샘추위

겨울을 시샘하며
봄기운 자랑하며 만개한 벚꽃

지난밤 한풍 진눈깨비에
낙엽 떨어지듯 땅바닥에 뒹구는 꼴하곤

그러려면 피지나 말지
그렇게 쉽게 저버리려면

눈 덮인 땅속에서 잠이나 깨지 말지 1)

그렇게 쉽게 떠날 줄 몰랐던 건 아니지만
닫힌 맘 설레게 하고서는

매년 봄 속고 또 속아
문드러짐 속에 남은 것은 뼈저린 그리움뿐이어라!

속는 줄 알면서도 또 속는 것은
보고 픈 마음 쌓이고 쌓여
잊지 못하는 회한의 깊은 상처뿐이어라!

---

1) T.S Eliot의 황무지 중에서

별 세는 밤

별 하나
나 하나

별 둘
너 둘

별 셋
우리 셋

별똥별
만 별 속 별 새끼

컴컴한 밤하늘 빛나는 은하수
별똥별 새끼 별 세는 밤

스타 하나
나 하나

스타 둘
너 둘

스타 셋
우리 셋

대중 속 스타 새끼

훤한 도심 속 휘황찬란 광고 티브 쇼
별 없는 스타 새끼 별 세는 밤

운전

졸려
사르르 눈 감기올 땐

창문 열고 왼손 뻗어
바람 가다듬듯

말 못 할 슬픈 사연
손바닥에 오목 모아

허공에 흩날린다.

마주치는 맞바람 세기

달리면 달릴수록
더더욱 부딪히는 맞바람 감촉

봄 처녀
젖가슴 만지는 양

아 으

희열 타 황홀이어라!

울산 바위 속 옷 벗은 이브

얼마나 추하였으면
마스크로 봉한 것도 부족하여
뒤돌아 가리웠을까?

선악을 알기 이전
천진난만
부끄러움조차 없었었는데

거짓말로
핑계 대며 변명하는

그 모습이
얼마나
부끄럽고
낯 들 수 없었으면

바위 속 뒤돌아 가리웠을까!

* 도움말 : 설악산 계조암 이르기 전 중간지점에서 울산 바위를 바라보면, 바위 속에서 나체로 뒤돌아 몸을 가린 처녀바위를 볼 수 있다.

차이

1. 상술

따르릉 따릉
따르릉 딸깍

사랑합니다. 고객님
무엇을 도와드릴까요?

~ ~ ~ 탈칵(전화 끊는 소리)

시키는 year and man이나
시킨다고 하는 year and man이나
내게는 다 dog eighteen years and men

지들이 날 언제 봤다고............

2. 사랑

사랑할 수 있는 것 사랑하는 것
사랑이라 말하지 마라.

사랑할 수 없는 것
사랑할 수 없어

바람에 이는 잎새에도 괴로워한
시인 있듯[1]

사랑이란

사랑할 수 없는 것조차 사랑하려
자신을 버리는 것

1) 윤동주 서시

한 두서너 개 만
- 부제 : 한국인의 정서

하나도
둘도 아닌

셋도
넷도 아닌

셀 수는 있지만
헤아릴 수 없고

헤아릴 것 같지마는
셀 수는 없는

이상한 수, 한 두서너 개

이것 아니면 저것처럼
흑백으로 삭막할 즈음

야속함 들키울까
인색함 내비칠까

넉넉지 않지마는 부족 진 않고

많지는 또한 않아 사치스럽지
더더욱 않은

가치 없어 흔할까 혹시
희소타 부족타 걱정 염려스러울까 혹시

생각할 수 있으나
헤아릴 수는 없고

생각할 수 없으나
헤아릴 수 있는

"몇 개 드릴까요?
한 두서너 개 **만** 더 주세요."

해와 지구 그리고 달
- 부제 : 사랑은 평등이 아니고 사랑일 뿐이야!

100kg의 해가 5kg의 지구와 사랑할 때
5kg의 지구는 1kg의 달을 사랑 했어

너무나도 환하고 밝은 빛이 시리도록 사무치어
지구는 해를, 달은 지구를 떠날 수 없었던 거야!

아니야, 그것도 틀렸어

100kg의 밝음이 5kg의 어둠과
5kg의 푸르름이 1kg의 곰보 얼굴을
어엿비 사랑하여 떠나가려는 것들의 끈을 놓지 않고
맴돌리며 사랑을 속삭였던 거지

반항해 봐야 음양이 유별한데!

그런데 말이지

음양의 법칙보다
평등이라는 것이 더 중요하다고 깨닫던 어느 날
구속받는 게 싫다고

1kg의 달이, 5kg의 지구에게
5kg의 지구가, 100kg의 태양에게 이별을 통보했지

그런데 그거 알까?

그 끈 끊어지면 영원히 빛 없고 추운 지옥뿐이라는 거……

코로나 사랑

여자가 사랑을 한다.
남자가 사랑을 한다.

여자는 흰 마스크 끼고
남자는 검은 마스크 끼고

뭔 사랑을 나누는지 모르겠지만

마스크에 가려진 빨간 미소가
은밀히 감추어진 남성 내보이라는 것 같아

잔인타 눈물겹다.

해상 설경
(강원도민일보에 게제된 시)

가지에 쌓고
지붕에 쌓아두면
부러지고 무너진다고

바다는
채 쌓이기 전
낙하 눈송이를 녹이고 있었다.

바다는
곳간에 쌓아두면 썩는다고
곳간에 모두우면 도적 든다고

욕심으로 가득 찬 세상

가시관 뜨거운 피 흘림 되어
하늘 곳간 채우고 있었다.

---

* 너희를 위하여 보물을 땅에 쌓아 두지 말라. 좀과 동록이 해하여 도둑이 구멍을 뚫고 도둑질하느니라. 오직 너희를 위하여 보물을 하늘에 쌓아 두라. 거기는 좀이나 동록이 해하지 못하며 도둑이 구멍을 뚫지도 못하고 도둑질도 못하느니라.(마태복음 6장 19~20)

2부

J(제이)에게
- 부제 : 순국열사 3세 항변

1.

J(제이)

너 나 돈 준다며
알고 보니 극빈 비렁뱅이에게만

J(제이)

내가 언제 너 보고 돈 달라 했니
때만 되면 삼대가 못사느니
위하는 척 1)
광주 5.18 보상 명분 찾으려 하는 것 같아 나 슬프데이!

2.

J(제이)

우리가 언제 민생고 해결해 달라 쿠테타 해 달라 했데이
우리가 언제 이밥에 쇠고깃국 달라
니 할비한테 부탁했데이

J(제이)

권력 높아
혈세 맘대로 쓰고
미투 가해자 되니 좋데이

인민 거지 만들고
핵폭탄 만들으니 좋데이

J(제이)

우리가 언제
강릉과 서울에서 니들 노래 불러 달라 사정했데이

애국 위민 가장하여 거짓말 좀 그만하고
우리 좀 그냥 살게 내버려 줘

잊혀진 사람으로 살고프다며

3.

J(제이)

찢어 버린다고 욕하니 좋데이
모른다고 거짓말하니 흐뭇하데이

법카 달라고,
헬기 내 달라고 하지 않을 테니

애국 위민 가장하여 거짓말 좀 그만하고
제발 그곳에 가서 조용히 살어!

---

1) 독립유공자 특별법

과거에는 안 그랬잖아요!
- 부제 : 2020년 검찰청 국정감사에 부쳐

지렁이도 밟으면 꿈틀거린다.

그냥 오금이 저려 꿈틀거리는 것이 아니라
하늘이 준 생명 살려 달라는 애절함이다.

봄날 잎 술 크기 재며 오순도순 살아가던 그들도
비좁은 공간이 한낮 거추장스러울 뿐

오직 너를 죽여야 내가 살 수 있다는 그릇된 탐욕으로
듣도 못한 "내로남불"이라는 칼자루를 들이대는 망나니 춤사위다.

양지가 음지 되고
음지가 양지로 변한 환경 속 진실 없는 궤변의 고무줄 잣대

양심조차 속여 가며
로맨스를 즐겼던 너는 웬 불륜이라며

내뱉는 뻔뻔함 속 환영 위에
말로 다 다함없는 억울함이 허공에 파동(波動) 한다.

"과거에는 안 그랬잖아요.
과거에는 제게 안 그랬잖아요!"

낙랑공주

1.

광활한 만주 벌판
쫓기고 내쫓기다

대륙 끝 한 모퉁이
반도에 갇혀버린

서글픈 반만년 사대 식민지 사(史)

비통함 느낄 새 없이
이놈 저놈 눈치보다

길가에 쭈그려 앉은
늙은 갈보 년 모양

형제가 원수 되고
핏빛으로 문드러져

반 토막에 또 반 토막

친 소파,
친 일파 졸개

땅따먹기 싸움질 하다
참담 타 섬 된

반반도 나의 조국

뜯다 붙이기 수십 번의
역사 왜곡

진실 된 역사
감출 길 없어

공주는
죽어서 조차 자명고 설화 되어

둥~둥~ 둥~

심금을 울리 운다.

2.

"나는
낙랑군(郡) 태수(太守)의 딸이 아니라
자주독립 낙랑국(國)의 당당한 공주(公主)였노라........ 1)

천손 후예

철(銕) 활(夷) 문자(字) 삼부인 증표 삼아 2)

시원 문명 개천
은(殷) 제후국 홍익인간 재세이화

중원을 호령하고
역사를 창조하며

해(日)와 달(月)이 있어 눈빛 부신 조선(朝鮮)

양(羊) 제물 제천(祭天)하여
의(義) 있고 미(美) 있어
고와서 눈빛 선(善)한 신비로운(祥) 신국 대 조선 3)

孟子가 말하였고
사마천이 기록했던 東夷예의지국

일찍이 아시아의 황금 시기
빛나던 등불의 하나였던 코리아
그 등불 다시 한번 켜지는 날
동방의 밝은 빛이 되리

타고르가 염원하며 노래했던 4)

진리의 기쁨 속에 가죽옷 곱게 차려입고(韋)
빛이 있어 밝은 나라 환환 빛(桓), 삼한, 대한(韓) 5)

죽음보다 더 큰 사랑
붉은 피 제물 받쳐 죄 사함 다함 후에
대륙을 통일하였노라." 6)

찢겨진 자명고는
혼 되어 깨우친다.

---

* 도움말

1)

한사군의 위치는 고서라던가 조선, 고구려, 부여의 영토를 고려할 시 한반도가 아니었다는 것이 정설이다. 이는 일 제국주의자들에 의해 조작 왜곡된 제국주의 식민사관에 기인한 것이고 그들에 의해 교육받은 친일 식민사학자들에 의해 주장하는 청산하지 못한 일제의 잔재이고 반드시 청산하여야 할 역사 사안인 것이다. 낙낭군은 설화에서와 같이 "호동왕자와 낙낭

공주"로 우리에게 널리 알려진 바와 같이 낙랑군이 아니고 낙랑국인 것이고 한사군인 낙랑군은 한반도가 아닌 조선의 경계 지역이었던 요서 지역이라는 것이 민족 사학자들의 주장이다. 대표적 친일 식민 사학자들에 의해 한사군의 위치를 한반도에 국한, 왜곡 조작한 나머지 "낙랑공주"라는 문자 속에 각인된 문자 유전자에는 낙랑이 군이 아니라 국가였다는 것을 증명하고 있으며 이는 진실은 왜곡할 수 없었던 것을 증명하듯 "손바닥으로 하늘을 가릴 수 없다"는 역사 왜곡의 한계를 보여주는 대표적 예라고 하겠다. 현 근대사에 위안부 동원에 관한 여러 역사적 자료와 산 증인들이 증언하고 있고 독도 영토에 대한 진실이 여러 문헌과 지도에 분명히 기술되어 있음에도 불구하고 100년도 채 안 된 현대사를 왜곡하는 그들에게 있어 임나일본부라던가 고대사의 조작, 왜곡은 식은 죽 먹기일 것이고 아무 문제가 없는 것이다. 이러한 때 우리는 그들이 주장하는 제국 식민주의 실증사학이라는 오도된 왜곡 학문과 사관에 대해 사실에 따라 과감히 청산하여야 할 역사적 사명이 있는 것이고 그들의 그릇된 역사 사관에 따라 왜곡 조작돼 기술된 역사 사실을 어떠한 검증 절차 없이 그대로 정사로 인정하고 역사서로 기록하여 교육한다는 것은 하늘과 선열에 대해 죄짓는 일이라 필자는 감히 단언하는 바이며 역사를 수정할 것을 강하게 주장하는 바이다.

2)

고서는 말한다. "조선은 환인(桓因)의 아들 환웅(桓雄) 그리고 단군이 건국한 나라"라고 여기서 桓은 "환하다 밝다"의 한자식 표현이며 신을 나타내는 "하나님"은 환하다, 밝다에서 파생한 말이지 하늘에 계시어, 한 분이라서 하나님이 아님을 증명하는 일예라 하겠으며 "하느님"의 어원은 수정되어야 한다고 사료된다. 조선은 선진 기술과 문자를 천부로부터 물려받아 인류태동기에 개천을 한 것이며 그 나라는 종교와 법, 문자 그리고 예와 경천애인과 홍익인간 이념 아래 2,000년간 인류문명을 개화한 신화가 아니라 고등 문화를 갖춘 실 역사고. 우리는 하나님의 후손인 천손의 후예라고.........세계 역사상 2,000년간 국호를 지속하며 문화를 꽃피운 나라가 세계 역사 속 어디 있는가? 그러한 까닭에 시성은 환국과 조선을 그렇게 노래하고 있다고 시인은 말하고 있는 것이다.

夷, 銕라는 문자 속에 철과 활과 문자는 동이족(夷)이 최초로 사용하였다고 증명하고 있다.

3, 5)

조선은 종교가 있는 나라였다. 그 종교는 바로 원시 기독교의 원형을 그대로 담고 있는 제의 문화이다. 이러한 제의 문화는 조선이 멸망 후 고구려의 동맹, 부여의 영고, 동예의 무천 등.. 부족 국가의 제천 형태로 우리 동이족에게 전래되었지만, 정작 한족인 중국의 주나라나 한나라는 제천문화에 대한 제의 문화에 대한 기록이 없음은 이를 더욱 뒷받침하는 증거라 할 수 있겠다. 고인돌은 무엇을 의미하는가? 사가들은 고대인의 무덤이라고 말하고 있지만 그 이상의 의미가 있다. 부족 국가의 제천의식은 조선의 제천의식을 물려받은 종교의식이며 고인돌은 무덤이전 제단이며 별자리를 연구하는 천문대였다고 필자는 문자를 통해 증명하고 있다.

犧 : 정결한(秀) 소(牛)와 양(羊)을 창(戈)으로 죽이는 것을 형상화
(牛+羊+秀+戈)

羊 : 동물 양을 형상화

祭 : 제단에 또는 하나님(示)께 죽인 소와 양을(肉) 바쳐 용서를 비는 모습(又)을 형상화(月은 肉의 변형자, 肉+又+示)

拜.義,美,善,鮮.祥.....

: 양을 죽여 그의 피로 나의 죄를 씻은 예배의 모습은(拜) 의롭고, 아름답고, 착하고, 곱고, 신비롭다는 것을 형상화함

拜 : 손(手)에 양(羊)을 바쳐 절하는 예배의 모습을 형상화

義 : 羊 아래 있는 나는(我) 의롭다

따라서 조선(朝鮮)이라는 국호에는 이미 양으로 祭(天)하고 拜하여 죄를 용서받고 곱다(鮮= 魚+羊의 합성어로 魚는 1인칭 나를 가리키며 나와 양이 함께 하니 곱다)고 여김 받아 세상을 밝힌다는 종교적 이름이 각인 형상화 되어 있으며 조선의 삼한제도는 후에 대한의 韓(日+韋의 합성어로 韋는 가죽옷, 곧 에덴동산에서 양과 소를 죽인 후 제천 후 그 동물의 가죽옷을 입히신 후 실락할 때 입은 옷으로 기독교에서는 그리스도의 말씀에 비유하고 있다)의 어원이 되었으며 대한이라는 韓에는 기독교의 원시 제천의 어원이 각인되어 있다. 기독교는 불교 이전 우리 민족의 고유 토착 종교이다.

> 누구든지 그리스도와 합하기 위하여 세례를 받은 자는 그리스도로 옷 입었느니라(갈3:27)

4)

인도의 시성으로 역사 초 아시아 모든 민족에게 하나님의 나라 환국 사상과 문명을 전달하던 환국과 조선을 예찬하고 있음.

5)

고서와 사마천의 사기에 따르면 중국 성현들의 대부분이 동이 출신이고

황제는 동이 유웅국 소전의 아들이다. 유웅국이 어디인가? 바로 단군신화에 나오는 단군의 외가이다. 熊은 바로 곰을 토템이즘으로 하는 원주민이었고 천신을 믿는 환국천자께서 동으로 이주해 오면서 세상 문명을 재세이화함에 그들도 하나님 믿고 천손이 될 수 있도록 간청함에 100일 기도를 할 것을 주문하였고, 21일 금식 기도 후 성령을 체험함에 환인과 결혼하여 단군왕검을 낳았다는 신화가 아니라 실화를 고대인의 정신세계에 맞추어 불교사상에 기인하여 그렇게 기록한 내용이다. 따라서 황제와 초대 단군왕검은 혈연적으로 굳이 밝힌다면 이종사촌쯤 된다 할 수 있겠다.

사마천은 삼황오제와 하와 은(상)나라를 역사로 인정하지 않았으나 은의 유적이 발견되면서 중국 최초의 나라라고 현재 밝히고 있으나, 홍산 문화

가 발굴되면서 기존의 한족 중심의 역사관에서 동이의 문화를 흡수하지 않으면 되지 않는 역사적 고증 자료들이 출토됨에 그 영역이 고조선과 고구려까지 연결 되어있기에 불가피하게 동북공정을 해야만 하는 필연적인 원인이 있었음을 우리 사학자들은 가슴깊이 명심하여 우리의 역사를 우리의 눈으로 보지 않고 남의 시각인 중화 사대사관과 제국 식민사관에서 벗어나 우리 눈으로 진정한 우리의 역사를 직시할 수 있는 역사관의 정립이 요구되는 때라 하겠다.

6) 조선 패망 후 분열된 부족 국가를 통일한 고구려를 말한다.

빌라도
- 부제 : 2023년 대한민국 사법부를 말하다

이십 년 잘 살려다
이천 년 죽을 놈 된 비운의 남자 빌라도

권력은 있어 목은 곧되
소신은 없고

공부는 하여 지식은 있되
지조는 없다.

최고학부에
최고 지성이라 자부하지만

양심도
정의도
진리도 또한 더더욱 없어

죄 없다 손 씻은 후

하늘이 준 생명
민중이 준 사명

불의에 팔아먹은

시녀보다
화류계보다

더 천한 갈보 년이다.

* 빌라도 : 로마시대 유대 총독
예수가 죄가 없다는 것을 알면서도 폭동과 자신의 정치적 안정을 위해 판결을 민중에게 맡기고 죄 없다 손 씻은 후 십자가형을 판결한 재판관

사고
- 세월호, 구의역 사고, 비정규 일용직 하청 노동자,
  농민 죽음,...... 사고에 부쳐......

학도, 위안부 징용
앞다퉈 종용하고

예뻐 보일 수만 있다면
항공기까지 헌납하며

나라 팔아먹은 것도 모자라
하나님까지 팔아먹다

살기 위해 어쩔 수 없었노라는 궁색한 변명
이 땅에 있다.

있는 아부 다 내 보이다
버리고 간 총자루 손에 넣고

천리마도 부족하여 만리마라
노동 품 착취하며

온갖 쾌락 즐기려다
총 맞아 죽은(을) 놈(년) 이 땅에 있다.

정치 협잡꾼 매수하려
쓰다 버린 고물 배 구입해서

70대 노인 헐 삯 비정규직 고용하고
제주도 오가며 온갖 불법 저지르다

어린 꿈나무 수장하던 날
꾸역꾸역 처박은 돈 갖고 튀다

아주 재수 없어
객사한 그놈 이 땅에 있다.[1]

모략은 갈보 년 잔 대가리 닮아
짜 먹을 대로 짜 먹다가

구조조정 한다면서
하청에서 하청으로

비정규 일용직
날품 삶 노예로 몰아넣고

두 놈이 해야 할 일
한 놈이 처리하다

점심
처먹을 시간도 없이

이리저리 날뛰다
재수 더럽게 없어

전동차(컨베이어)에 튀겨 나간 붉은 피는 2)

하나님께 호소하는
아벨의 울부짖음

한 번도 아니고
두 번도 아니고

세월 가면 잊혀지고
잊히면 다시 되풀이되는

똑같으며 간교한
세상에 오르내리는

낙하산과 금수저로 치장한

백피아, 관피아, 공피아, 해피아, 철피아, 교피아, 메피아, 산피아.........
피아, 피아. 피아들의 ....세상 천국

거미줄 함정 파놓고 걸려든 생명
피 빨아먹는 흡혈귀 마냥

자손만대 모든 특혜 다 누리려고
할, 애비 쳐놓은 순환 구렁텅 속

재수 아주 더럽게 없어
정말로 운이 더럽게 없어 넘어 자빠졌다고 변명하는

그놈 년들 후손이다.

---

1) 세월호 사고

2) 구의역 사고

* 피아: 토모스모아의 유토피아에서 파생한 우리 시대의 사회상을 풍자한 신종 합성어로 백피아는 백두산 혈통을 중시하며 권력을 3대째까지 세습하는 전형적 금수저의 김씨 왕가를 말하는 것으로써 필자가 본시에서 처음 사용함.

독도
- 부제 : 아! 마시케다(Ma-si-ke-ta)

쪽빛 동해 낚시터

맛있을 것 같아
먹고 싶은

아니 진정
맛있을 것 같아 미치도록 먹고 싶은

거꾸로 하여

"아! 다케시마(DAKESIMA)"

목구멍 걸려
부끄럼 들켜버린

마시케다(Ma-si-ke-ta) 독도

아프가니스탄 철수하던 날

자유가 죽고
정의가 죽고

온 세상이 핏빛으로 변해
급히 날아올라야만 했던

나뭇가지 틀 개개비 새집에는
알 까지 못한 뻐꾸기 떼들이 산란 고를 겪다

짓밟히고 떨어져 핏방울이 튕겨 나간 생지옥이었다.

살려고
싸우려 하지 않고

지키려고
싸우지 않는 그들에게

자유와
권리와
인권은

50년 전 미 대사관 위를 날던 사이공의 마지막 하늘,
마지막 사치였다.

소녀상

맨발의
단발머리 앳된 좌상

성전(聖戰)이라

이비(耳鼻)에서 솥뚜껑까지
빼앗기고 빼앗기다

신발도 모자라 풋 성(性)까지 강탈당한

종속 보존 짐승이 아니고서야
도저히 아니 믿겨 말 섞고 싶지 않은 불편한 진실

멀끔히 먼 하늘 바라봄에

님 오실 때
드릴 것은 짓밟을 수 없었던 오직 마음뿐이란 한(恨) 울음

부끄러운 양심은 있었던지

정녕코 강제성은 없었노라
배상 끝났으니 소녀상 철거하라.

살아생전 아니 정말 죽어서조차
진심 어린 사죄 한마디 치유 받고 용서하고파

“그대들이 정녕 죄를 범하지 않았다 하면
하나님을 거짓말하는 이로 만드는 것을……”

알파고에게
- 부제 : 죽창 들고 너나 싸워라

화나더라고
그래서 물었어?

1 + 1 = 2
1 x 1 = 1
365 x 365 = ?

메모지와 시간이 필요했지만 바로 답하면서
19 x 19 바둑판에서 어쩌다 한판 졌지만 그 수까지 다 입력되어
다시는 지는 일 없을 거라며 형법을 달달 외우더라구!

그래서 또 물었지
아침이 뭐냐고?

breakfast라고 영어까지 서슴없이 말함에

깨다(break)와 금식하다(fast)의 합성어로 성경에서 온 것이라 말했더니
알려줘서 고맙다고 절대 잊을 일 없을 거라나

이 세상에서 베껴 입력된 것 말고
너 자신의 고유한 것 내놓아 보라고 했지!

아침은 바다가 태양과 사망을 목구멍에 넣고 껄떡이려다 데어 토해낸 것이라고 했더니 얼굴 붉힘에 더하여
"죽음"이란 신이 교만한 인류에게 사망을 내린 것이라고 했더니 말 못하더라고!

그런데 말이야
교피아들과 법꾸라지들이 학적 위조에 저질러 놓은 적폐 청산한다며
365 x 365 = 얼마라며 무조건 암기하래

맹자 왈 공자 왈 할 때
삼각함수와 미적분을 배우고 항공모함 만들어 진주만 폭격하였는데

알파고가 바다 속에서 나와 하늘을 날고 땅 위를 폭격하는데
죽창 들고 싸우자며 다시는 지지 않는 나라 만들겠다고 교과서 달달 외우래

정말 웃기는 나라야!

종자 형
(나훈아의 테스 형 풍으로)

“울 아버지 연평도 NLL 넘어
총 맞아 죽고
그것도 부족하여 쓰레기 소각되듯 처절히 산화됐다기에

국가를 보위하고
국민의 생명을 지켜야하는 국군통수권자는 무엇을 하였냐?”
고 하소연 하였는데.........

빚 있다고 매도함에
월북이라 하면 책임 조금 줄어드나요?

떼거지로 모여
돈 벌기 위해 동생을 이용한다고 말하는

아! 종자 형!
당신도 한때는 그들과 한편이 아니었는지요?

어떤가요? 종자 형!

시퍼렇고 추운 바다
컴컴한 바다 헤맬 때

조국은 없었고

조각난 붉은 살점
뜨거운 화염에 소각될 때

그들은 멀리서 방관자 되어

빗쟁이
월북자라 앞 다퉈 매도하지 않았나요?

아! 종자 형 세상이 아프지 않나요?
아! 종자 형

아! 실종자 형

거짓말 밥 먹듯이 하는
그들의 정체 이제야 알았나요?

---

* 종자 형 = 실종자 형

투표

님은
총알보다 무서워

이놈이 그놈이고
그놈이 이놈이라고

하지 않으면 혼자 다 처먹는다고 했지.

님은
덜해 처먹을 놈 뽑아
돌아가며 도적질하게 하라고

그러면 차라리 마음 편하다고

이밥에 쇠고깃국 주고
다리 놓고 공장(항) 짓고
한 번도 경험하지 못한 나라 만들겠다는 말 속지 않으면

절대로 후회하는 일 없을 거라고

그리고
진정 오래 하게 하면
썩어 문드러진다고

저번에 이쪽 찍었으면
이번엔 저쪽 찍고

덜해 처먹을 것 같은 놈 찍으면
후회 좀 덜 할 거라

말했었지.

언어의 미학

보지 말라고

이 더러운 세상 보지 말고 깨어서
자지 말고 기도하라고.......

살자고

거짓말하는 좌파 빨갱이 속아 속앓이 하다
자살 하지 말고 살자고 ....

음양
암수 구분 없고

선악 기준 아리송해
혼돈한 세상,

개(디오지) 같이 살지 말고

선악 구분하여

하나님(지오디) 같이 거룩하라고.......

3부

거듭나던 날
- 부제 : 聖靈 받던 날

1.

그가 그녀를 만나기 전

그는 똥파리 목숨보다 못한
액체 속 꼬리 달린 올챙이였다.

고무 울타리와
물거품 고리에 가로막히고
더러는 입속에서조차 하루살이 마냥 죽어갔지만

그가 그녀를 만나
고귀한 생명이 되던 날, 모두에게 축복받으며 태어났다.

그가 그녀를 만나기 전

올챙이가
하루살이가 살려고 발버둥 친 것 같이

그가 님을 만나기 전 그의 생은

목마름 해갈하려
일터에서 전쟁터에서 피 흘리며 죽어갔다.

2.

그가

하늘로부터 내려오는(雨)
삼신(口口口)을 받고 거듭나던 날

올챙이가
하루살이가 살려고 발버둥 친 것 같은 수생(獸生)에서

죽고 썩어 없어지는 먼지 같은 인생에서
결코 죽지 않는 영(靈)이 되어

쓸쓸히 늙어 병들어 죽어가는 디오지(dog) 같은 人生이 아니라
영원히 죽지 않는 지오디(God) 같은 神生이 되었다.

그 어느 날,
그가 님을 만나 거듭나던 던, 그 어느 날

진실로 진실로 네게 이르노니 사람이 거듭나지 않으면 하나님의 나라를 볼 수 없느니라. (요3:3)

나(我=手+戈)

(선악과 먹고)
죽을 수밖에 없었던 나(我)

죽을 수만은 없어
창 들 수밖에 없었던 나(我=手+戈)

눈물 머금고
당신 죽여(犧=牛+羊+秀+戈)

살려 달라 애원하며(祭, 拜=手+羊, 祈, 禱)

죄인임을
애처로이
고백하던 그날

어린 양(羊) 붉은 피로
검은 죄악 맑게 씻어

곱다 鮮
선하다 善
의롭다 義
성결한 두루마리 예복 입다 韓

신비롭다 祥
축복(祝福)받아 천국 약속 받았으니

그 이름 어린 양 예수 그리스도

---

* 도움말

1) 我 : 손(手)에 창(戈)을 든 나를 형상화 한 것입니다. 성경과 한문만큼 나의 정체성에 대해 명확히 정의해 놓은 것은 이 세상에 없습니다.

2) 犧 : 죄 없는(秀) 소(牛)와 羊을 창(戈)으로 희생시켜 제배(祭拜) 한 후 가죽옷을 입혀 출 에덴 시킨 실락 사건으로, 소와 양은 십자가에서 우리의 죄를 대속하신 예수 그리스도를 예표하는 것입니다. 구약시대(율법시대인 원시 고대 국가)에서는 나를 대속할 제물로 소와 양을 죽여 하늘에 예배드렸지만 예수 그리스도의 십자가 예배 사역으로 모든 희생의 제배 예식은 종결됩니다. 이를 역사는 기원전(B.C)과 기원후(A.D)로 나누고 있습니다. 고대 부족국가인 고구려의 동맹이나 부여의 영고, 무천 등의 제천의식은 고조선의 제천의식을 물려받은 예배의식입니다. 朝鮮 : 鮮 = 魚+羊, 나하고 양, 그리스도가 함께하니 곱다. 조선이라는 국호에 조선의 종교가 담겨 있습니다.

3) 祭 : 月은 肉의 변형자로 제물을, 示는 제단에 제물을 형상화 한 것으로 한문에서는 하나님으로 대유했고, 又는 손을 모아 용서를 비는 예배를 형상화

4) 拜 : (手+羊)손으로 양을 드리는 예배를 형상화

5) 羊 : 善. 美. 義, 鮮. 祥 등의 공통어는 羊으로서, 양은 성경에서 예수 그리스도를 예표하는 것으로 그리스도의 보혈의 죄 씻김으로써 만이 가능함을 한자에 미리 예언하여놓았습니다. 따라서 한자는 하나님이 인류에게 성경말씀을 주기 전에 인류 사랑에 대한 하나님의 사랑을 확증하여 어떠한 방법으로든 구원의 방법을 숨겨놓으신 비밀을 담고 있다고 시인은 주장합니다.

6) 祈 : 示와 斤의 합성어로 하나님께 몸가짐이나 언행을 단정히 함.

7) 禱 : 示와 壽의 합성어로 하나님께 목숨을 살려달라는 뜻

기도(祈禱)는 하나님께 몸과 언행을 단정히, 조심히 하여 목숨을 살려달라고 하는 뜻입니다.

8) 福 : (示+口+田) : 복이란?

하나님이 인류에게 에덴동산을 다시 찾아 주겠다는 뜻입니다.

여호와 하나님이 아담과 그의 아내를 위하여 가죽 옷을 지어 입히시니라.(창3:21)

누구든지 그리스도와 합하기 위하여 세례를 받은 자는 그리스도로 옷 입었느니라(갈3:27)

몰랐어요!

배고픔이 삶인 줄만 알았는데
죽어서 조차 주고 싶은 사랑 있는 줄 몰랐어요!

울 할배 항거하다
육신이 네 동강 나 선혈이 낭자할 때 1)

모두들 살겠다고 침묵 속 비겁자 되고

울 아비 거지 되어
배고픔에 술 찌개로 배 채울 때

배고픔이 삶인 줄만 알았는데........

인색한 이 세상에
가슴 뭉클해지는 사랑이 있는 줄 난 정말 몰랐어요!

몰랐어요!

생로병사가 삶인 줄 알았어요!

죽으면 끝인 줄만 알았는데
죽어서 조차 죽을 수 없는 애틋한 사랑
이 세상에 있는 줄 난 정말 몰랐어요!

울 아베 가죽옷 입혀
에덴동산 쫓아낼 때

여자의 후손을 기다리라며
역사를 시작하시고

생명나무 형틀 지고
십자가 그늘 아래 철철철 피 흘리며
역사를 나누심이

최후의 죽음 결코 끝이 아니기에
죽어서 조차 사랑할 수밖에 없는

말로 다 다 함 없는 부활의 환희였음을
난 정말 몰랐어요!

몰랐어요!

한자가 漢字인 줄 알았어요!

창세기 사건 알알이 새겨
말세 때 반듯이 구원받으라는
하나님의 눈물 어린 선물인 줄
난 정말 몰랐어요!

에덴동산
가죽옷 입혀 쫓아낼 때

哀요, 楚라 2)

당내공하 한탄하심 공무도하가에 깊이 새겨
눈물짓는 아리랑이었음을

난 정말 몰랐었어요!

---

1) 양양의 함홍기 열사

2) 哀 : 亠 +口+衣　에덴동산에서 옷을 입은 나는 슬프다
楚 : 疋+林 짝(하와)만 보면 에덴동산에서 금지한 생명나무가 생각나 슬프다.

(함영달 저『그가 남긴 흔적』중에서)

아(我)와 피아(彼我)

나는 아이(I)
뜻이 없는 나와 아이(I)

나는 아(我)
뜻이 있는 아(我)와 彼我

손에 창 들고 뭐했니?(手+戈= 我)

양 죽였지

양 죽여서
십자가에 매달아

祭天하고 祈禱하고 拜한 후 그 피로 날 씻었지(手+羊)

뭐라던

義롭데(羊+我)
아름답데(美=羊+人)
善 하여(羊+口)

곱디. 고아 朝鮮이요(魚+羊)
눈부신 마름 두루마기 차려입은 大韓이래(日+韋)

누가

밝고 환하신 하나님(桓因)과
성자 鄭도령이(酉+大+人+阝)

나는

아이(I)
뜻이 없는 나와 아이(I)

나와 너는

아(我)와 피아(彼我)
뜻이 있는 我와 彼我

我는 소 울음소리 듣고 손에 피 묻히며 祭天 했던 환하신 서자 환웅 아벨
彼我는 소 울음소리 아니 듣고 손에 피 안 묻히며 곡식으로 祭天 했던 카인

너 자신을 알라 하던 그 사람이
犧생의 소 울음소리 들었을까? (牛+羊+秀+戈)

我와 彼我의 대립이라던 선각자가
한자 속에서조차 심어놓은

犧생의 양 울음소리 들었을까? (牛+羊+秀+戈)

朝鮮과 三韓의 국호에서 까지
두루마기 곱게 차려입고

창세기 사건 고이 담아
여자의 아들을 기다리라는...........

아들이 장성하여
반드시 보고

歷史라는 게 도대체 무엇이며
이 어찌 된 일 이뇨!라 아니 물을 수 없도록

도무지 핑계 댈 수 없는 흔적 남겨 놓았으니
그 은총 말로 다 이룰 수 없어 눈물겨워라!

* 도움말

주) 歷史 : 에덴동산(厂)에서 생명있는(ノ) 두 번째 나무(林) 곧 생명나무로 나아가는 길을 막으신(止) 두 사람의(口口+人) 이야기라 한자는 정확히 정의하고 있습니다. 역사의 주관자이십니다.

B.C는 생명나무로 나가는 길을 막으신 그 길을 열고자 하신 역사이고 A.D는 십자가의 제를 통해 생명나무로 나아가는 길을 열으신 역사입니다. 역사의 시작도 그분이 하심과 같이 종결도 그분이 하십니다.

鄭도령 : 유대 나라 사람(酉+大+人+阝)의 파자로 예수 그리스도의 한자식 표현

노아 방주(船)

노아 방주(舟+八+口=船) 1)

일 년을 하루같이
백 년을 일 년같이

생명
아니 끊으시려

나르고
나르시어(手+舟+八+又=搬) 2)

손발이 부르텄다.

근심 한탄(恨歎)하기에는 3)
서럽고도 모질어서

죽일 수도 없는 사랑
그 예전 있었기에 4)

폭풍우 속 검은 죄악
씻기고 씻기워서

백옥 같은
하얀 살결
내 비친다 할지라도

정녕코 더럽다 못해 죽여야 할 모진 생명

헤진 상처 곪아 터서
노아 할배 술 드심에

무지개로 덮으시고
천국 다리 놓으셨다. 5)

(My heart leaps up when I behold rainbow in the sky.) 6)
(하늘에 무지개를 바라볼 때 내 마음은 뛰노나니)

---

* 도움말

1) 환문 속에 창세기의 이야기를 숨겨놓으셨습니다.
방주(船)는 배(舟)에 노아 식구(셈, 함, 야벳, 그리고 배우자들) 8명(八+口)을 살린 방주를 말합니다.(舟+八+口)

2) "너는 먹을 모든 양식을 네게로 가져다가 저축하라 이것이 너와 그들의 먹을 것이 되리라. (창 6장 21절)"

방주(舟)에다 여덟 명(八)이 손(手)으로 음식물을 옮기고 또(又) 옮기어 날

랐습니다.

(舟+手+八+又=搬 : 옮길 반) 搬자는 그렇게 해서 만들어진 글자이며 언어가 가지는 공통된 보편, 타당성에 해당하는 일례라 하겠습니다.

3) "땅 위에 사람 지으셨음을 한탄 하사 마음에 근심하시고 (창 6장 6절)

하나님의 성령(儿)이 인간의 죄로 인하여 인간을 떠난 상태 凶, 亡, 兇, 鬼된 상태를 말합니다.

4) "여호와 하나님이 아담과 그의 아내를 위하여 가죽옷을 지어 입히시니라. (창 3장 21절)"

선악과 사건을 말합니다. 죽일 수 없었기에 정결한 짐승을 희생(犧)시켜 우리의 죄를 대속하여 의(義)롭다 여기었고 이는 이 땅의 그리스도의 출현과 십자가 사건을 예표 하는 것입니다.

5) "노아는 여호와께 은혜를 입었더라. 이것이 노아의 족보니라 노아는 의인(義人)이요. (창 6장 8~9절)"

에서와 같이 선악과를 먹고 타락한 인간은 말씀대로 죽어야 마땅하나 하나님의 사랑으로 흠 없고 죄 없는(秀) 양(羊)과 소(牛)를 창(戈)으로 희생시켜(秀+牛+羊+戈= 犧) 붉은 죄를 맑게 씻어 의(羊+我= 義)롭다 하심으로 천국문을 십자가 위에서 허락하셨습니다. 여기서 무지개는 천국을 이어주는 그리스도를 예표 합니다.

6) W. worthwords의 시 rainbows 중에서,

"노아가 여호와께 제단을 쌓고 모든 정결한(秀) 짐승(牛+羊)과 모든

정결한 새 중에서 제물을 취하여 번제로 제단(祭= 示+肉 +又: 하나님께 양이나 소를 죽여 두 손 모아 죄를 용서받아 목숨을 건진 상태)에 드렸더니 (창 8장 20절)"

(『그가 남긴 흔적』 101쪽 중에서)

서대문 형무소
(2022년 광복절에 부쳐, 광복회보에 게재)

서대문 형무소
사형장 가는 길목에 나 자빠진 늙은 미루나무가
지금까지 그 자리를 지키는 것은

색동저고리 입고 축복받던 어릴 적 요셉이
형제에게 배신당해 노예로 팔려 가던 슬픔을 잊지 못하는 까닭이다.

서대문 형무소
사형장 가는 길목에 나 자빠진 통곡의 미루나무가
지금까지 그 자리를 떠나지 못하는 것은

사랑받던 하나님의 아들이
인류에게 배신당해 십자가 형틀 지며 걷던 쓰디쓴 골고다의 가시밭길을 잊지 못하는 까닭이다.

눈물 흘리며 뒤따르는 아낙네에게
날 위해 울지 말고 너희 자녀를 위해 울라던 말씀이
이천 년 방랑하다 나치에 학살당할 것을 예언한 것 같이

대한 조선의 아들딸에게
“아리랑” 하지 않은 사연 뒤로한 채 1)

다시
통곡의 미루나무 틈 사이 어린 새싹이 돋아
그 자리 지키고,

아직도 까마귀 떼 울음
아니 채 떠나 메아리 됨은 2)

빼앗긴 나라 되찾지 못해

마지막 가는 그날의
지울 수 없는 애절한 억울함이
죽어서라도 다시 살아 더더욱 사랑한다는 애틋한 눈물인가 보다.

---

* 도움말

1.2) 아리랑 : with God together(하나님과 함께)

ᄋᆞᆯ = ᄋᆞᆯ이 = ᄋᆞ리 = 아리 = 엘 = 엘이 = 엘리 = 알라+수리 동일 언어로서 환한 빛이신 하나님을 일컫는 말이고 "랑"은 "함께"라는 우리의 고어이며 따라서 "아리랑"은 "하나님과 함께" 라는 말이고 메아리에서 그 흔적을 찾아 볼 수 있다. 메아리는 "산에서 제천할 때 나타나시는 하나님"이라는 뜻인데 오늘날 echo로 사용되고 있다.

세례요한

- 부제 : 씨ᄋᆞᆯ의 소리 통권 264호와 설악 신문에 게제
  함석헌 선생을, 함홍기 열사 서거 100주년을 추모하며...

덜 영글어
모나 뿔(角)나 총각(總角)이라 말하지만

영겁

바람 따라
물결 따라
부딪히고 부딪혀서

무뎌진 맨 돌

눈 밝아
세상 타협 잘하기를

"산이 날 에워싸고
씨나 뿌리고
밭이나 갈며 살라" 할 때 1)

님은

심령이 가난치 않아
배부른 돼지 같이 사는 것이
얼마나 부끄러운 거냐고
깨어져 날(刀) 세웠다.

"산이 날 에워싸
그름 달처럼
사위어지는 목숨
구름처럼
바람처럼 살라 할 때"[1)]

님은

의에 굶주리지 않아
파도 속 물결 따라
죄의 노예처럼 사는 것이

얼마나 비겁한 것이 나며

에워싼 산 짓뭉개어
세상 날(刀) 세워 외치고 있었다.

"하나님의 나라가 가까이 왔으니 도적질 그만하고 회개하라고……"

---

1) 박목월 시

바라바
(행복한 가정 게재)

바라바가 죄인이듯

바라보고
바라봐도 죄인이다.

바라바가 죽음에서 구원받았듯

바라보고
바라봐도 죽음에서 구원받았다.

바라바가 눈물 흘리듯

바라보고 또
바라봐도

바라바는
바로 나이기에

바로 보면
바로 볼수록

바라바도 나도 통곡하며 눈물 흘린다.

---

* 바라바 : 신약 성서속 인물. 십자가 사형 죄수이었으나 유월절 예수의 십자가 대속으로 빌라도로부터 십자가형을 면제받음.

ᄋᆞᆯ이랑 1(with God together)
- 부제 : 인류 최초의 찬송가

ᄋᆞᆯ이, ᄋᆞᆯ이랑
술이 술이랑
ᄋᆞᆯ ᄋᆞᆯ이요
ᄋᆞᆯ이랑 고개를 넘어간다

나를 버리고 가시는 님은
십리도 못가 발병 났네만

"ᄋᆞᆯ이 ᄋᆞᆯ이
라마 사ᄇᆞᆨ다니" 1)

새벽 여명 밝기 전
어찌하여 나를 버려
깨달으라 하시는지요?

---

1) : 막15:34)아람어로 셈의 후손이 사용한 언어로 우리말에서 그 흔적을 찾아 볼 수 있다. 일례로 "너희가 아들이므로 하나님이 그 아들의 영을 우리 마음 가운데 보내사 아빠(ABBA) 아버지라 부르게 하셨느니라(갈 4:6)"를 들 수 있겠다.

ᄋᆞᆯ 이랑 2(아리랑)
- 부제 : 하나님이랑: 인류최초의 찬송가

1.

비치니까 빛나
빛나니까 밝아
밝(朴)으니까 환해(桓,韓)

하늘이라서 하느님이 아니라
하나라서 둘이 아닌 하나님이 아니라

빛이니까 환한님(桓,韓,朴 ...) 1)
니은 연음 하난님
니은 탈락 하나님

2.

나오니까 나~ㅁ
낳고 나온 것이니까 남긔에서 나무

낳으신 이가 태 모은 곳 씨ᄋᆞᆯ(엘)
깨어서 나온 씨의 입이니까 씨~ㅂ

밝은 생명
잉태케 하신 사랑 다 담을 수 없는
그 크심 더더욱 커(大) 한 ᄋᆞᆯ이신 ᄒᆞᆫᄋᆞᆯ님 2)

니은 연음 ᄒᆞ늘님
니은 탈락 하나님

3.

너랑
나랑
ᄒᆞᆫ알이랑

ᄉᆞ벌(스발 =새로운 곳=하나님) 향해
ᄋᆞ사달(밝은 곳= 환한 곳) 찾아 3)

파마루(파미르) 고개 넘어 동쪽 산자락 따라 ᄒᆞᆫᄋᆞᆯ이랑 4)

무지개 색동저고리
붉은 피 팥죽 먹고

무지개 큰 활
샤론 꽃(무궁화) 심으면서 5)

동쪽 산 끝 고개 넘어
ᄉᆞ벌(스발 =새로운 곳=하나님) 찾아 ᄒᆞᆫ ᄋᆞᆯ이랑,
ᄋᆞᆯ이랑, ᄋᆞᆯ ᄋᆞᆯ이요 6)
ᄋᆞᆯ이랑 고개를 넘어간다.

---

1)

태초에 말씀이 계시니라 이 말씀이 하나님과 함께 계셨으니 이 말씀은 곧 하나님이시니라 그가 태초에 하나님과 함께 계셨고 만물이 그로 말미암아 지은 바 되었으니 지은 것이 하나도 그가 없이는 된 것이 없느니라 그 안에 생명이 있었으니 이 생명은 사람들의 빛이라 빛이 어둠에 비취되 어둠이 깨닫지 못하더라. (요한복음1장1절~5절)

2)

ᄋᆞᆯ =알=엘(이스라엘, 임마누엘, 요엘, 사무엘......)=알라 등의 단어는 환한 빛이신 그리고 생명을 잉태하는 「알」을 일컫는 말로 씨알과 같이 한(大) 알은 큰 생명을 나타내는 하나님을 나타내는 말이고 "랑"은 "함께"라는 뜻으로 "아리랑"은 "하나님과 함께" 라는 말이다.

ᄋᆞᆯ -> 알의 고어로 고려 가시리의 「얄리」와 함석헌의 「씨ᄋᆞᆯ 의 사상」에서 그 뜻을 유추할 수 있다.

3)

ᄋᆞ사달 -〉 아사달(朝日) 밝은 곳의 고조선어

4)

파+ 마루(언덕)의 합성어로 파마루-〉 파미르로 변천

5)

노아 -〉셈-〉아르박삭-.〉셀라-〉에벨-〉벨렉(형)-〉 아브라함-.〉이스라엘
-〉욕단(동생)-〉요밥(욥)-〉대한민국으로

노아의 홍수사건과 관련 있는 한자 예컨대 船, 搬......등, 무지개와 관련 있는 색동 저고리(요셉의 채색 옷)와 활(bow, 東夷), 부채, 저고리와 기와집의 곡선 등등 그리고 태극(파랑, 노랑, 빨강의 삼신 상제 하나님), 에덴동산(園)에서 제천의 예배를 올린 고인돌 제단(후일 부족국가인 고구려의 동맹, 부여의 영고 등으로 전래), 양의 피를 상징하는 팥죽(야곱의 팥죽)과 무궁화(샤론 꽃) 등등 수많은 흔적들을 찾아 볼 수 있다.

園 : 土+口+衣+口 흙으로 만든 사람에게 옷을 입힌 곳, 즉 에덴동산을 형상화한 문자임

6)

그들이 거주하는 곳은 메사에서부터 스발로 가는 길의 동쪽 산이 었더라 (창10:32)

스발-〉 ᄉᆞᄅᆞ블 -〉ᄉᆞ벌-〉ᄉᆞ울 -〉서울
-〉ᄉᆞᄀᆞ랠 -〉시골의 고어로 새로운 땅(벌)의 고어로 처용가와 용비어천가에서 그 어원을 유추할 수 있다.

필자의 이러한 주장은 한문이 성경에서 왔고 성경 없이 한문이 풀이될 수 없는 것을 필자의 저서「그가 남긴 흔적」에 밝힌 이유이기도 하다.

아무도 몰랐기에

(씨ᄋᆞᆯ의 소리 통권 264호 게재)

장독에 물을
나른 사람만이 포도주의 기적을 볼 수 있었듯이

십자가의 고난을 허락한 사람만이
옥합 병을 깨뜨려 발에 부을 수 있었다.

아무도 몰랐기에,
그 누구도 몰랐기에

값비싼 향유를 팔아
가난한 이웃에 나눠주는 것이 더 유익하다 말하였듯

십자가를 지던 그날
모두들 도망가도

여인만은
멀리서 철 철 철 피 흘림을 지켜봄에 슬픔을 삭이었다.

그 옛날
금기의 말씀을 사탄이 듣고 유혹함에

다시는 인류가 죽는 것을 차마 눈 뜨고 볼 수 없어
귀와 눈을 닫기 우고 도적같이 오셔서

추운 마구간에서
고난의 십자가를 홀로 지심에

불쌍타 애처로워

동방박사 눈 여시고
여인 귀 여시여

옥합 향유 깨트려 발등 적심에
온 만물이 통곡 아닌 통곡하였지만

롯 때도,
노아 때도
초림 때도

아는 사람은 아는 것이고
모르는 사람은 모르는 것,

주의 때가 가까이 옴에
도적같이 오시려 함은

세상 술에 취해 간음하는 음녀
도적같이 와서 도적질하는 그 모습 아니 진정 보시려는 뜻을 아셨기에

"하나님의 나라가 가까이 왔으니 회개하라!" 1)

시퍼런 칼바람 되어 그렇게 외친가 보다.

---

1) 마3:2

역사(歷史)

1) 타락

禁 : 선악나무(木) 생명나무(木) 두 그루(林)
선악과(果) 먹은 후 님(示)께서 생명과(果果) 禁하셨다.

鬼 : 선악 열매(田), 생명(ノ) 있는 뱀이(由) 여자에게(儿) 다가와(鬼) 아니 죽는다.

魂 : 혼(魂)에 대해 얘기함에(云)

媿 : 남자와 함께 있어야 할 여자(儿) 뱀(由)과 함께하여 鬼 되니 부끄러워라(媿)

僸 : 여자가(人) 하나님이(示) 금지한 나무(林) 보매

婪 : 탐스러워

摩 : 손대고

拏 : 오른(又) 손(手)으로 따

始 : 입(口)에 넣던 첫날(始)

躶. 裸 : 눈이 밝아, 벗은 줄 알고 무화과 잎으로 치마 삼고

躲 : 이에(乃) 나무(木)에 몸(身)을 숨긴지라

2) 최초의 검사(檢), 裁判 그리고 예배(禮拜)

來 : 나무에(木) 숨은 두 사람(人人) 부르시어 물어 본 즉

咴 : 두 사람(人人) 하나님(大)께 망령되이 핑계 대며 말이 (口) 많지만, 사랑 너무 커 죽일 수도 없는 쓰라린 슬픔이여!

女 : 돕는 자가 다스림을 받고

男 : 지키는 자가 땅(田)을 가는 벌(力) 주셨지만

我 : 정녕코 죽일 수 없어 손에(手) 창(戈) 들게 하여

犧, 我 : 죄 없는 (秀) 당신(牛, 羊) 창(戈)으로 죽여야만 했던 나(我)

判 : 칼(刂)로 반 나눠(半)

祭 : 제물(肉) 손에 들어 용서해 달라(又) 내 보이고(示)

拜 : 양 제물(羊) 손에 들어 (手)

祈 : 하나님(示)께 몸가짐 다스려서(斤)

禱 : 목숨(壽) 빌게 한 기도(祈禱)와 예배(禮拜)

檢 : 에덴동산(亠), 선악나무(木)와 관련한 두 사람(人人 口 口) 검사하여

裁 : 창(戈)으로 옷(衣)을 재단하고

判 : 칼(刂)로 선악 분리하여 裁判하신

案 : 아 잊지 못할 에덴동산(亠) 여자(女)와 나무(木)에 관련된 창세기 사건(案)이여,

羊 : 양(羊) 피로

口, 人, 魚, 我 : 나의(口, 人, 魚, 我) 죄악 맑게 씻어

善 : 착하다

美 : 아름답다

鮮 : 곱다

義 : 의롭다 하심으로

韓 : 가죽옷(韋) 입혀 환하다(日) 여기시며

祥 : 여자의 후손(羊)을 기다리라 신비로움(祥) 더해

福 : 에덴동산(田) 다시 찾아 주신다고

祝 : 祝福 더했으니

3) 실락, 역사의 시작(歷史)

歷 : 에덴동산(厂) 생명(ノ)있는 두 번째 나무(林) 막으시고 (止)

困, 棘 : 가시로 울타리 쳐 막으니 주검 있는 인생길, 가시밭길

初, 哀 : 처음으로 칼(刀)로 가죽옷(衤) 지어 입혀(衣) 쫓아 내신 말 못 할 슬픈 사연(哀)

楚, 思 : 짝만(疋) 보면 서글픈 생명나무(林), 에덴동산(田) 떠오르고 또 떠올라(心) 에덴동산. 창세기 슬픔이여!

4) 치유

犧 : 죄 없고 흠 없는(秀)
소(牛)와 양(羊)을 창(戈)으로 제물 삼아
男 : 땅을(田) 갈 자(男)와
女 : 섬겨야 할 자에게
韓 : 가죽옷(韋) 입혀 위로해 주시고

양의 피로
아벨의 죄 씻어
치유해주신 크고 놀라운 사랑

십자가에서
어린 양 제물 되어

철~철~철

붉은 피 흘리실 때

義 : 나(我)를 그 그늘 아래 두어
의(義= 羊+我)롭다 하심으로

검은 죽음에서까지
사랑에 빛나는 은총 다함없어라!

5) 歷史를 나누심(부활. 생명나무 나아가는 길을 여심)

그토록 통곡하고
흘린 뜨거운 눈물도

끝내 기쁨이어라!

죽지 아니하면
다시 살 수 없었기에

최후의 죽음 결코 끝이 아니기에
믿어달라는 눈부신 언약 아니었을까?

죽더라도 울지 마라
세상 끝 날까지
고통 중에도 함께 하리니

사랑할수록 사랑할 수밖에 없는 애틋한 사연

죽어서라도 다시 살아
더더욱 정녕코 사랑한다는 항변

부활에 환희 아니셨는지요?

6) 감사

천지를 창조하신 그분이
환하신 삼신상제(三神上帝)
여호와 나의 아버지였음을

아버지께서
태초 전 아들을 사랑하사

피조 만물뿐 아니라 환자에조차
구원의 말씀 숨겨 놓으시고

환난 날
이 어찌 됨이요! 라
정녕 아니 물어볼 수 없게 하여

도무지 핑계치 못하게 만드셨으니

아!
끝없는 사랑 이루다 말할 수 없어

두 손 모아
기도(祈禱) 하고 있었다.

7) 예언

다윗이 춤추지 않으면
돌이 소리 지르듯

그날이 오면

기뻐서 죽사오매
인경을 머리로 들이 받고
죄인 몸 가죽이라도 벗겨
북 만들어 둘러메고는
벌거숭이 춤이라도 춘다고 노래하였는데

木子가 李 씨 되고

殺我者誰 女人戴禾(倭의 파자) 人不知
活我者誰 十八加公(松의 파자)

殺我者誰 雨下橫山(雪의 표현) 天不知
活我者誰 浮土溫土從土(온돌방의 표현)

그날에

殺我者誰 小頭無足　　鬼(神) 不知
活我者誰 寺畓七斗洛 浮金冷金從金 奄宅曲阜
三人一夕 利在田田 道下止 하라 1)

얼씨구
절씨구
지화자 鄭 씨 좋아

주님
오시는 날
아니 통곡하지 못할지니

주 예수여 어서 오시옵소서
죄인이 주님을 사랑하나이다.

통곡하며 울부짖고 있었다.

裁 : 마를 재, 창(戈)으로 양을 죽여 옷(衣)을 정결히 구분 짓다. 창세기의 선악과 裁判과 관련 있는 단어임.

---

1) 한자 파자를 사용하여 예언된 정감록을 필자는 「그가 남긴 흔적」에서 성경에 맞춰 풀이하였음

인류창조(造) 1

타오르는 벅찬 가슴
멈출 수 없어

흙(土) 이겨 토기 굽듯
흙(土) 빚어 심혈(心血) 적신 애틋한 사랑 다함

아득하여라!

그토록
간절함 가눌 길 없어

"보시기에 심히 좋았다"는 1)

말 한마디 못내 아쉬워

그리움 더하고 져 혼(魂) 불어 생령 심은(酉)
애틋한 사랑 다함

말로 다할 수 없어
눈물겨워라!

1)

창세기 1장 31절 : 하나님이 지으신 그 모든 것을 보시니 보시기에 심히 좋았더라.

酉 : 儿(하나님의 성령)을 담은 그릇 아담을 상징하며 또한 그리스도를 상징함.

配 : 아담의 또다른 몸(己)하와를 형상화

창세기 2장 7절 : 여호와 하나님이 땅의 흙으로(土) 사람을 지으시고(口) 생기를(丿) 그 코에 불어 넣으시니 사람이(辶) 생령이 되니라 (丿+土+口+辶 = 造)

「그가 남긴 흔적」 중에서

인류창조 3
- 부제 : 우리 말이 인류 최초의 언어인 이유

우리 엄마
우리 아빠

우리나라
우리 하나님이라 함에

그것도 채 부족하여

내가 아닌

우리 부인,
우리 남편이라 함에

거리낌 없이
역겨움조차 없는 것은

"하나님이 이르시되

우리의 형상을 따라
우리의 모양대로
우리가 사람을 만들고......."[1)]

우리가 하나님의 형상과 모양대로
우리가 창조되었기 때문이라.

---

1) 창세기 1장 26절
시작노트 : 재명아! 북으로 가라 "우리"라는 말은 하나님이 최초로 사용한 말이지 사탄이 사용한 말이 아니다.

하나 그리고 솟수

1

壹과
자기 자신만이 함께 할 수 있는 數
솟수

곱하고 나누고
어떤 감정 개입해서 노닐지라도

그 모양 변하지 않아
신비로움 그대로인

영원한 나의 친구

나누며 곱할 수가
임밖에 없었기에

하나가 둘이 되어 놀다
둘이 하나 되어 잠든

하나밖에 없는

아! 변치 않는 하나의 님

그 사이가 얄밉도록 샘나
먹음직한 거짓으로

나누고 싶었던 유혹의 數

님과 나 사이
참여품의 그리움이

앙증스레 사무쳐
지옥의 아픈 고통

죽는 줄 정히 알면서도
달콤한 거짓으로
빼앗아야 했던

하나 그리고 솟수

2

나누고
곱할 수가

임밖에 없었기에

빼앗길 수 없었던 수

곱하고
나누어도

아니
변해야 했기에

빼앗길 수도 없었던 數

임과
내 사이

죽어야만
다시
살 수 있었기에

십자가
버림 되어
죽음으로
다시
산 수

하나 그리고 솟수

코로나 19

얼마나 더럽고 추했으면
천 조각으로 꿰매었을까?

그 옛날

금기의 말씀을 어기고
변명할 때도

"아우를 지키는 자냐?"고
반항할 때도

아니 진정

"십자가에서 내려와 보라" 침 뱉고 조롱할 때조차도
그렇게까지 하시지는 않으셨는데........

변명하며 거짓말하는 가증 위선이
얼마나 더럽고도 더러웠으면

입 맞춰 생기 불은 빨간 입술
귓바퀴에 걸어 봉하였을까?

하나님의 글자(韓字)

은(殷, 商)나라 갑골문자
고죽국 백이숙제
해(日)와 달(月)이 비추이는(明)
大 朝鮮國 九夷중 하나

주(周)일어날 때
인(儿)지키려
수양산 순교했고
땅끝까지 전파한 후
東으로 돌아갔다.

羊 죽여
三神上帝께 拜(예배)로써 祭함으로
나(我=手+戈)를 살린 제사장 나라 삼한 鮮國

銕, 夷, 韓字 三符印 증표 삼아
홍익인간 祝福歷史
글자에 아로새겨
鄭도령 오시는 날

생명나무(林) 田田思想
반드시 구원받으라는 하나님의 흔적이다.

孟子가 말했었고
사마천이 기록했고
孔子가 그리던 예의지국

타고르가 노래하며
꿈꾸었던 고운 빛(鮮)
삼한 선국

漢 이전
周 이전
殷(商) 이전 鮮과 韓의 환하신 하나님 환국

희생(犧)의 祭와 拜
"잊지 말라" 애가(哀) 담아
반만년 고난 속에 고스란히 간직해 온 골각문자

하나님의 눈물이다.

도움말)

삼국유사에서 기록하고 있듯이

고조선은 요순시대에 건국한 나라로서 중국의 입장에서 신화의 나라라고 할 수 밖에 없겠지만 銕,夷,글자(韓字)는 글자 속에 동이족(夷)이 최초로 사용하였다고 문자에 각인이 되어 있고, 성경과 역사서는 동일하게 말하고 있다. 따라서 夷(弓+大)는 문명이 중국의 주나라 보다 앞선 것으로 보아 오랑캐가 아니라 <u>활을 사용하는 대인으로</u> 해석함이 더 타당하다고 보겠다. 은나라의 기자라던가 고죽국의 백이숙제는 후기 조선의 김시습이나 성삼문 같은 천자국 고조선의 생(사) 충신이이라고 보아야 삼국유사의 고조선 역사가 해석이 된다는 것이다. 고죽국은 고(구)려라 하였으니 주나라가 일어날 때 백이숙제가 수양산에 들어가 죽은 것이고, 은나라가 망해갈 때 비간은 충언으로 죽었지만 기자는 미친 행동으로 살아 동으로 돌아갔다 함에 이를 주나라의 무왕이 기자를 조선에 봉했다고 기록하고 있으나 이는 김시습이 보고 세조가 경상도 관찰사에 봉했다 함과 같이 말이 될 수 없다고 필자는 그의 저서「그가 남긴 흔적」에서 이미 밝힌 바 있다.

또한 韓은 성경 창세기에 가죽옷(韋)입힌 제의 문화에서 유래하여 고대국가의 제천의식으로 발전한 것으로 볼 수 있다. 따라서 고조선은 글자 그대로 홍수를 겪은 노아 후손이(삼황오제의 신화에 공통으로 기록) 동으로 이주하면서 창세기의 내용을 잊지 말라고 한자(은나라 갑골문자이전 골각문자가 있었음) 속에 그대로 남겨 놓았을 뿐만 아니라 신화 속에 천손의 서자임을 밝힌 것으로 보아 성자이신 그리스도와 구별된다고 볼 수 있어 왜곡이 아닌 사실임을 입증하는 일례라고 하였다.(천자만이 천제를 지낼 수 있기에 조선은 황제 그 이상의 나라였다)

田田 : 田은 밭이라는 뜻도 있지만 나무에서 열리는 과일(果)을 말하는 것으로 에덴동산의 첫 번째 나무인 선악나무의 선악과(田)와 두 번째 나무인 생명 나무의 생명과 田田을 먹으면 죽지 않고 영생을 한다고 하였으니 이는 바로 죽음의 권세를 이기고 부활하신 예수 그리스도라고 필자가 해석한

바 있다. 이보다 더 정확한 해석은 이 세상에 없고 이를 읽는 독자는 사이비들이 만들어 놓은 거짓 이론에 유혹되지 않기를 간곡히 바라는 바이다.

由, 鬼, 媿, 魂……. 등은 그렇게 만들어진 글자이며, 성경은 인류 창조 사천 년 후 한 치의 오류 없이 이를 이렇게 기록하고 있다.

> 그러나 이제 그리스도께서 죽은 자(田) 가운데서 다시 살아 나사
> 잠자는 자들의 첫 열매(田田)가 되셨도다 21 사망(田)이 한 사람으
> 로 말미암았으니 죽은 자의 부활도 한 사람(田田)으로 말미 암는도
> 다 22 아담(田) 안에서 모든 사람이 죽은 것 같이 그리스도(田田)
> 안에서 모든 사람이 삶을 얻으리라 23 그러나 각각 자기 차례대로
> 되리니 먼저는 첫 열매인 그리스도요(田田) 다음에는 그가 강림하
> 실 때에 그리스도에게 속한 자요(田田) 24 그 후에는 마지막이니
> 그가 모든 통치와 모든 권세와 능력을 멸하시고(田) 나라를 아버지
> 하나님께 바칠 때라 25 그가 모든 원수를 그 발아래에 둘 때까지 반
> 드시 왕 노릇 하시리니 26 맨 나중에 멸망 받을 원수는 사망(田)이
> 니라 27 만물을 그의 발아래에 두셨다 하셨으니 만물을 아래에 둔
> 다 말씀하실 때에 만물을 그의 아래에 두신 이가 그중에 들지 아니
> 한 것이 분명하도다 28 만물을 그에게 복종하게 하실 때에는 아들
> 자신도 그때에 만물을 자기에게 복종하게 하신 이에게 복종하게 되
> 리니 이는 하나님이 만유의 주로서 만유 안에 계시려 하심이라. 아
> 멘(고전 15장 20~28절)

한반도(긴 것, pen)

길고 마음 전할 수 있어
내가 좋아하는 pen과 pencil 1)

길게 튀어나와 들어가 생명 낳을 수 있어
여자들이 좋아하는 penis

색시 품
엄마 품 같이
젖과 꿀 흘러 모두가 좋아하는 긴 Peninsula

빨갱이 태평양 넘고
제국 침략자 대륙 넘으려

쌈박질하다 입속에 넣곤
금 그어 놓은 Korean Peninsula

해양 대륙 사 팔방 열려있어
믿기지 않는 온갖 아픔 가슴에 쓰러 담고

흐르는 동서 생명수에 검은 죄악 맑게 씻어 곱디 고은 朝鮮 2)

희생(犧)의 대속 제물(祭) 예배(拜)와 기도(祈禱)있어
눈부시게 샛 하얀 마름질 두루마기(韋) 곱게 차려입은 白衣
大韓 3)

샤론 꽃 곱게 늘어뜨리고 4)

천지에서 백록까지 경천애인, 홍익인간

반만년 모진 세월 기다림에 슬픈 情恨 아리랑에 고이 담아
님 향한 고진(苦盡) 사랑 순결타 눈물겨워 가슴 아파라

도움말

1) pen의 어원 : 길게 돌출해 메달은 상태의 모양 pen, pencil. penis, peninsula, penna, pennant, pending, suspend.......에서 파생

2) 조선(朝鮮) : 나(魚) 와 양(羊)이 함께하니 고아(鮮) 밝다(明)
한(韓) : 가죽옷(韋) 입은 나는 훤하고 밝다(日)
양과 가죽옷은 십자가에서 제물 되신 예수 그리스도를 나타냅니다.

3) 한(韓) : 가죽옷(韋) 입은 나는 훤하고 밝다(日), 백의민족 등 우리나라를 지칭하는 말이면서 옛 조선의 국호임과 동시 삼한 조선, 나아가 대한은 오늘날 우리 나라의 국호입니다. 우리 국호의 글자 유전자속에 우리 민족이 하나님의 후손, 적장자이며 초기 기독교의 원시 제형문화를

그대로 간직했다는 증거입니다. 부족국가의 제천의식은 세계 역사상 유래를 찾아볼 수 없는 유대의 제천의식과 동일한 것이며 이는 조선의 제천의식을 이어받은 것입니다. 유적으로는 고인돌과 한자의 제천문화와 국호에 이미 기록되어 있으며 가죽옷은 실락할 때 예배(拜)후에 입었던 양과 소 가죽옷 그리스도의 옷을 상징하는 것입니다. 기독교는 외래 종교가 아니라 우리 한민족 고유의 종교이며 예언서에도 명확히 예언하고 있습니다.

4) 샤론 꽃 : 우리나라 무궁화는 이스라엘의 샤론 꽃이며 성경에서는 예수 그리스도를 상징

그 두루마기를 빠는 자들은 복이 있으니 이는 저희가 생명나무에 나아가며 문들을 통하여 성에 들어갈 권세를 얻으려 함이로다. (요한계시록 22장 14절)

누구든지 그리스도와 합하기 위하여 세례를 받은 자는 그리스도로 옷 입었느니라(갈3:27)

4부

Breakfast

As like
In the Korean language,
There is no word 'breakfast',

In English,
There was also no word 'breakfast'.

A long long times ago,
Daniel broke the fast in the morning,
And then he had his meal

From then
They have not used the word 'morning' as in the Korean language
But rather 'breakfast' in English

Once upon a time
Like king Sejong made 'Hangul'
Because of compassion for the people
The Lord made them the word 'breakfast'
Because of compassion for all the people

【번역】

아침 식사

우리말에
'아침 식사'라는 말이 없었듯이
영어에도 없었습니다.

그 옛날
다니엘이 아침에 금식기도를 마치고
밥을 먹었습니다.

그때부터 그들은
'morning'이라는 말 대신
'breakfast'라는 말을 사용하였습니다.

오래전
세종대왕께서
백성을 어엿비 여겨 한글을 만드심같이
하나님도
백성을 긍휼히 여겨
만나를 주신 것 같이
'breakfast'라는 단어를 주셨답니다.

Daniel : 구약성경 다니엘서 저자

아침밥이라는 단어가 우리말에도 없었듯이 영어에도 없었습니다. 영어를 성경으로 번역하면서 그들은 BREAK(깨다, 파하다)+FAST(금식하다. 금식)를 사용하여 BREAKFAST(아침식사)라는 신종 합성어를 만들었습니다. 영어가 세계 언어로서 정착하는 과정이라 할까요? 시인은 말합니다. 오래전 다니엘이 금식(FAST)을 마치고(BREAK) 식사를 함에 아침밥이라는 단어가 만들어졌다고....... 세종대왕이 위민백성하여 한글을 만드심 같이 하나님도 그 백성을 사랑하시어 광야에서 만나를 주심과 같이 아침을 주었다고........원어민이 이것이 맞느냐고 묻기에 맞는다고 I majored in English language(나 영어 전공했어) 하였더니 고개를 끄덕였습니다.

Don't ask me

As I didn't know the reason why I was born,
I didn't also know the reason why I love you.

While something I can't realize came to me,

As I have been,
Love has also made my heart leap up and longed for you,

So don't ask me.

The reason why I was born,
And the reason why I love you,

As there is no reason why I was born,
Because there is also no reason that I love you.

Whenever I see you,
I like you without any reason

Whenever I think you
You are always loved without any condition.

Forever without any reason and condition.
Because I loved you, love you and will love you

Please, don't also ask me the reason if you also love me.

【번역】

묻지 마세요

태어날 때 태어남의 목적을 모름과 같이
사랑할 때 사랑함의 목적 또한 몰랐습니다.

알 수 없는 그 무엇이 내게 와
내가 있는 것 같이
사랑 또한 내 가슴을 설레게 해 당신을 그립게 했으니,

내게 묻지 마세요?

왜 태어났는지?
왜 사랑하는지?를

태어날 때 태어남의 이유가 없음과 같이
사랑할 때 사랑함의 이유 또한 없음과 같이

당신을 볼 때마다 당신이 좋고
당신을 생각할 때마다 당신이 사랑스러워

영원히
당신을 이유 없이 무조건 좋아하고, 사랑할 것이니

당신 또한 나를 사랑한다면

제발
사랑하는 이유를 또한 묻지 마세요!

도움말 : Rhyme a, b, c를 반복적으로 변형하여 리드미컬하게 사용했음.

5부

왜 한류가 세상을 이끄는지 그 이유를 그대는 아는가?
(부제 : 재림 전 반드시 이루어져야 하는 일들 - 함영달의 저서 「그가 남긴 흔적」을 중심으로)

함 영 달

1. 들어가기

K-Pop, K-Drama, K-Music, K-Food, K-Dress, K-Character, K-Movie, K-Sport.......등 한류로 온 세상이 난리다.

한류가 도대체 무엇이기에 어떤 이유로 세계인을 열광시키는 것일까?

많은 사람들이 우리 한국인의 문화가 독특하고 한국인의 유전자가 다른 어느 민족보다도 우수하기에 그렇다고 말들은 한다지만 이 땅에 최초로 도착한 어느 선교사의 기도문을 보면 그렇다고 말할 수는 없을 것이다.

주여! 지금은 아무것도 보이지 않습니다.
주님! 메마르고 가난한 이곳 조선 땅
나무 한 그루 시원하게 자라오르지 못하고 있는
이 땅에 저희들을 옮겨와 심으셨습니다.

보이는 것은 그저 고집스럽게 얼룩진 어둠뿐…….
어둠과 가난과 인습에 묶여 있는 조선 사람뿐입니다.

그들은 왜 묶여 있는지도
고통이라는 것도 모르고 있습니다.
(언더우드 선교사의 "보이지 않는 조선의 마음" 중에서)

그랬다.

제대로 된 나무 한 그루 시원하게 자라오르지 못했던 척박하고도 메마른 이 땅에 가난과 고통과 고집스럽게 얼룩진 어둠과 인습에 묶여 노예와 같이 비참하게 살아가던 것이 우리의 참모습이었다. 먼 옛이야기가 아니라 불과 1세기 전 우리 증고조부, 그리고 우리 아버지와 어머니들의 삶이었기에 결코 우리의 문화와 우리 한국인의 유전자가 다른 민족보다 우수하기에 그렇다고 말할 수 없는 이유이다. 불과 반세기 전만 하더라도 전쟁의 폐허 속에서 세계에서 가장 가난했던 나라가 오늘날 세계 무역 10대 강국으로 풍요를 누리며 살고 있으며, 지금까지 "한류"라는 듣도 보지도 못했던 문화로 세계인을 열광시키고 세계를 이끄는 이유는 무엇 때문일까?

이 문제에 대해 앞서 말하였듯이 우리의 문화와 우리의 유전인자가 우수하고 남들이 모르는 독특한....... 뭐 그 정도의 답변 외에는 정답이라고 할 정확한 이유를 모른다. 그러나 이유 없는 무덤 없다고 이유가 없는 것이 아니라 이유를 모르는 것뿐이고, 이유를 알려고 하지 않았던 긴긴 역사 속 사대 노예 속에 길들여진 해묵은 아집과 무지의 결과일 뿐이다. "아는 것이 힘"이라고 하였듯이 모르면 약한 것이고 해결 방법도 없는 것이다. 역사는 반복한다고 하지 않았는가? 우리가 오늘날과 같이 세계 문명을 이끄는 선도 국가를 계속 유지하느냐? 아니면 과거 선교사가 바라본 노예와 같은 어두운 삶을 다시 살 것인가?는 전적으로 우리의 몫이며 우리의 선택에 달려있다고 볼 때 결코 간과해서는 안 될 사안이라 사료되기에 필자가 이를 밝히고자 한다.

제목에서와 같이

역사에서 인류 구원에 관한 하나님의 목적은 절대 불변이다. 이유인 즉 그분이 그렇게 예정하였기에 그런 것이고 거기에는 토기를 굽는 토기장이에게 토기사용 용도의 이유를 물을 수 없다고 한 이유이기도 하다.

함영달의 저서 「그가 남긴 흔적」은 역사를 주관하시는 절대자 곧 하나님에 대한 그분의 흔적을 역사와 문자를 통해 증명하고 있다. 일연이 삼국유사에서 "석유환국"이라 하여 옛날 환국이 있었음을 분명히 밝혔음에도 불구하고 우리는 그 나라가 어떤 나라인지 알려고도 하지 않았고 남이 만들어 놓은 사대 식민 역사 사관에 묶여 신화의 나라로 매도함에 우리를 찾으려 하지 않았음에 우리의 역사가 고난의 역사였음을 밝히고 있다. 불과 1세기 전만 하더라도 아시아에 은둔의 나라로 헐벗음과 인습과 우상의 노예로 살아가던 우리가 어떻게 이렇게 세계를 이끄는 민족이 되었는지에 대해 이유를 밝힘과 동시 다가올 미래의 일을 말함으로써 우리의 나아갈 길을 제시하고자 한다.

2. 하나님의 선민으로 부름 받은 한민족

船 : 舟 + 八 + 口 풀이하면 배에 8명이 탔다. 그래서 배 선 자이다.
搬 : 手 + 舟 + 八 + 口 손으로 8명이 먹을 식량을 배에 옮겼다 하여 옮길 반자다.

너는 먹을 모든 양식을 네게로 가져다가 저축하라 이것이

너와 그들의 먹을 것이 되리라(창6:21)

사마천의 사기에 따르면 인류문명 태동기에 문자와 의류 등, 배에게 이르기까지 초기 인류 문명에 관한 대부분을 황제가 만들었다고 하는데, 이보다 더 큰 역사 왜곡이 이 세상에 어디 있을까? 모두들 인정하는 것인지 아니면 인정할 가치가 없어서 신화로써 외면하는 것인지는 모르겠으나 오늘날 동북공정으로 역사 왜곡을 하는 그들에게 절대로 그럴 수는 없다고 필자가 거듭 주장하는 이유는 명명백백한 증거가 있기 때문이다. (같은 책 204쪽)

성경은 배(舟)에 노아와 그의 식구 8명(八+口)이 탔다고, 그리고 손(手)으로 배에 8명이 먹을 양식을 옮겼다고 기록하고 있고 한자는 약속이나 한 듯이 더하여 분명히 문자에 각인시켜 놓고 있다. 인류 최초로 양식을 옮겨 보관한 곳이 배이며, 배는 8명이 탔다고 한자 船과 搬은 성경과 정확히 일치하여 기록하고 있다. 그 외에 洪, 共, 沿, 治 .... 등 수 많은 문자들이 성경에서 말하는 노아 홍수뿐만 아니라 창세기 에덴동산의 선악과 사건을 밝히고 있다고 그의 책「그가 남긴 흔적」1부 23~140쪽에서 한결같이 주장하기에 황제가 창힐에게 명하여 새 발자국 보고 한자를 만들었다는 사기의 기록이 얼마나 황당한지 밝히고 있다.

또한 우리 민족의 옷인 한복과 돌잔치상의 색동저고리, 버선,......우리 민족을 나타내는 동이(東夷)의 문자와 활에서, 나아가 한옥의 처마와 태극의 곡선과 부채.......등등 수많은 증거들이 노아 홍수 후 언약한 무지개를 상징한다고 필자는 주장하고 있다. 우리 주변국 중 한(漢)족은 우리 민족을 활을 사용하는 대인, 또는 큰 활을 사용하는 민족이라 하여 동이족이라 불렀고, 온 세계를 통일한 적 있는 몽고족은 우리 민족을 솔롱고스라고 하여 “무지개가 뜨는(있는) 나라"라 직접적으로 무지개를 언급함은 이를 한층 더 증명하고 있으며 역사적으로나, 문학적으로나, 언어학적으로나, 신학적으로나 모든 면에서 나름 합리적인 보편타당성을 제시하고 있다.

夷 : 大 + 弓 활을 사용하는 대인(어른), 또는 큰 활을 사용하는 민족
남만, 서융, 북적과는 달리 오랑캐라는 말은 없다.

성경에 따르면

노아와 그의 아들 셈, 함, 야벳 그리고 배우자를 포함하여 8명이 홍수 후 배에서 살아남고 물결 따라(沿= 水+八+口: 물결 따라 여덟 명이) 물을 잘 다스리어(治) 아라랏 산(지금의 터키)에 정착하였다고 기록하고 있다. 셈은 노아로부터 제사장으로서의 직분을 축복받고 그 축복은 셈의 증손자 에벨에게, "온 자손의 조상(창10:21)"이라 선포함에 그에게로 흘러 그의 아들 벨렉과 차자 욕단으로 흘러가고 장자 벨렉을 통해 아브라함, 이삭, 야곱, 요셉.......을 통해, 이스라엘이 건국되고 후일 메시아이신 예수 그리스도가 탄생하여 "이는 구원이 유대인에게 남이라(요4:22)" 라고 선포하심에 따라 유대교(구약)라는 민족종교에서 역사를 기원전(B.C)과 기원후(A.D)로 나누는 세계 인류 구원을 위한 기독교(구약+신약)가 탄생함으로써 세계종교로 거듭나는 계기가 된다. 그러나 정작 선민이라 부름 받은 그들은 예수 그리스도를 구세주로 영접하지 않고 복음을 거부하며 십자가에 못 박는 그들의 패역한 행동에 대해 예수님은 종들과 아들의 비유를 들어 "포도원 농장을 빼앗아 열매 맺는 백성에게 옮긴다."라고 예언하신다. (마21:33~43) 「그가 남긴 흔적 334쪽 다시 찾은 포도원」

한편 사도 바울은 예수를 메시아로 보지 않고 십자가에 내준 관

원이나 예수를 그리스도로 인정치 않아 구원을 받을 수 없는 유대인에게 대해 그들의 눈과 귀를 닫아 메시아가 메시아로 보이지 않게 하여 세계 이방인들로 하여금 구원을 받게 하려는데 그 목적이 있음을 이사야서를 인용하여 말하고 있으며........

> "이방인의 충만한 수가 들어오기까지 이스라엘의 더러는 우둔하게 된 것이라(롬11: 25)"

라고 이유를 밝히며 마지막 날 반드시 하나님 품으로 돌아와 구원을 받을 것이라 확신한다. (롬11: 26)"

이렇듯 주님이 오시기 전에

> 천국 복음이 모든 민족에게 증언되기 위하여 온 세상에 전파되어야 그제야 끝이 오리라(마24: 14)

하심에 따라 열매 맺는 백성에게로 포도원을 옮기시고 마지막 날 이스라엘의 복음을 위해 이스라엘로 하여금 시기하고 질투가 나 노엽게 여기는 일이 미련한 백성에 의하여 반듯이 일어나야 한다고 예언하고 있다.

> 호세아의 글에도 이르기를 "내가 내 백성이 아닌 자를 내 백성이라, 사랑하지 않은 자를 사랑한 자라 부르리라 너희는 내 백성이 아니라 한 그곳에서 그들이 살아 계신 하나님의 아들이라 일컬음을 받으리라 함과 같으니라. (롬9: 25-26)"

> 내가 백성 아닌 자로써 너희를 시기 하게 하며 미련한 백성으로서 너희를 노엽게 하리라 하였고 이사야는 매우 담대하여 내가 나를 찾지 아니한 자들에게 찾은 바 되고 내게 묻지 아니한 자들에게 나타났노라 하였고 (롬10: 19-20)"

라고 기록하고 있다. 그렇다면 성경에서 말하는 그 미련한 백성과 내 백성이 아닌 자는 누구를 말하는 것일까?

> 내가 시초부터 종말을 알리며 아직 이루지 아니한 일을 옛적부터 보이고 이르기를 .... 내가 말하였은즉 반드시 이룰 것이요 계획하였은 즉 반드시 시행하리라 (사 46:10-11)

歷史란

에덴동산(厂)에서 두 번째 나무(林)인 생명나무(ノ)로 나가는 길을 막으신(止) 두 사람의 이야기(史)라고 정의하였다. 「그가 남긴 흔적 161-166쪽」 그러기에 "시초부터 종말을 알리며" 라 하였고

㉠ 생명나무로 나아가는 길을 막으신 길을 열기 위함의 역사가 구약의 역사라면(B.C)
㉡ 창세기 인류의 모든 죄를 탕감하고 져 십자가의 희생의 제배를 드린 후 다시 생명나무로 나아갈 수 있는 길을 여신 역사가 신약의 역사고(A.D)
㉢ 생명나무로 나아가 생명나무의 열매를 먹고 영생하는 것이 문자 한자가 가지는 역사의 종말과 역사의 정의라고

성경과 한자는 정확히 일치하여 증거하고 있다고 주장하고 있고, 우리 인류의 생과 사에 관한 중요한 문제이기에 그분의 탄생 연도를 기준으로 기원전, 후로 다시 말해 B.C와 A.D로 역사를 나뉘었고 역사는 하나님의 절대 목적에 의한 절대 예정 속에 성취되어 왔다고 밝히고 있다.

歷史 : 厂 +ノ+林+止 에덴동산에서 두 번째 나무인 생명나무에 나아가는 길을 막으신 두 사람(아담과 하와)의 이야기

또한

누가 동방에서 사람을 일깨워서 공의로 그를 불러 자기 발 앞에 이르게 하였느냐? 열국을 그의 앞에 넘겨주며 그가 왕들을 다스리게 하되 그들이 그의 칼에 티끌 같게, 그의 활에 불리는 초개 같게 하매(사 41:2)

보라 네가 알지 못하는 나라를 네가 부를 것이며 너를 알지 못하는 나라가 네게로 달려 올 것은 여호와 네 하나님 곧 이스라엘의 거룩하신 이로 말미암음이니라 이는 그가 너를 영화롭게 하였느니라.(사55:5)

라고 성경은 한결같이 한 나라에 대해 여러 곳에 기록하고 있는 까닭에 필자는 본서를 통해 그 나라를 밝히고져 한다.

〈축복 가계도〉

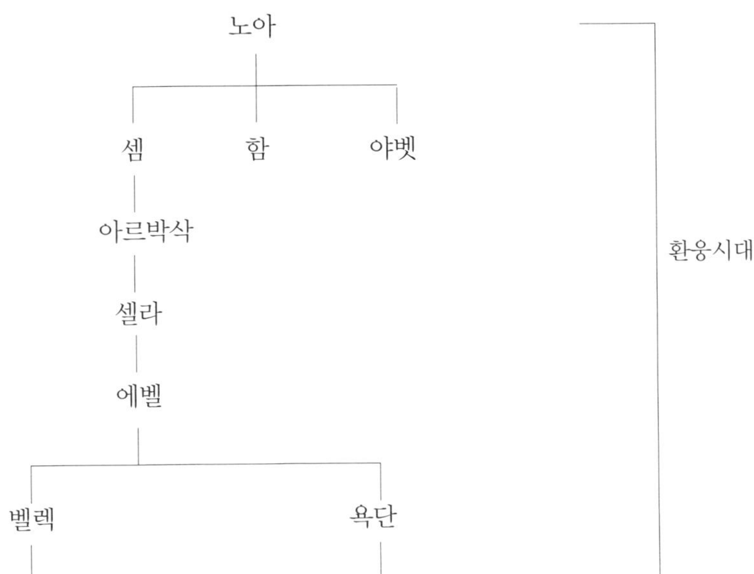

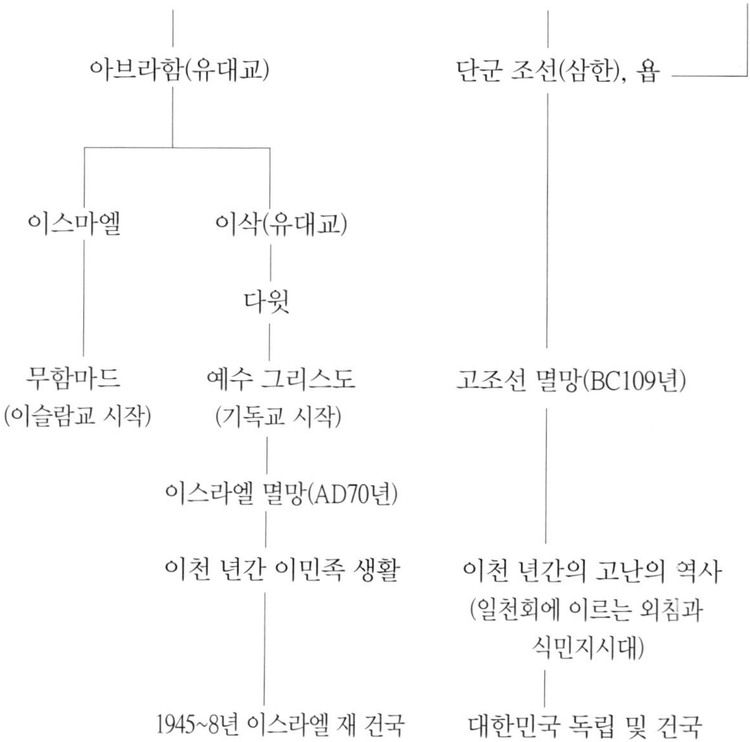

셈의 하나님 여화와를 찬송하리로다 가나안은 셈의 종이 되고 하나님이 야벳을 창대하게 하사 셈의 장막에 거하게 하시고 가나안은 그의 종이 되게 하시기를 원하노라 하였더라 (창 9:26~27)

에벨은 두 아들을 낳고 하나의 이름을 벨렉이라 하였으니 그때에 세상이 나뉘었음이요 벨렉의 아우의 이름은 욕단이며 욕단은 ,,,,,,, 요밥을 낳았으니 이들은 다 욕단의 아들이며 그들이 거주하는 곳은 메사에서부터 스발로 가는 길

의 동쪽 산이었더라 (창10 24- 30)

도표에서 보는 것과 같이 에벨의 두 아들 중 장자 벨렉은 아브라함, 이삭, 야곱을 거쳐 이스라엘을 건국하고 후일 메시아이신 예수 그리스도가 탄생하여 "이는 구원이 유대인에게 남이라 (요 4:22)" 함과 같이 기독교라는 세계종교로 거듭나지만 결국 그들의 후손은 오늘날까지 예수를 그리스도로 인정하지 않는다. 노아 홍수 후, 그리고 바벨탑 사건 후 에벨의 두 아들 벨렉과 욕단을 언급하며 그때에 세상이 나뉘었음이요 라고 기록함과 동시, 욕단의 후손의 거주하는 지역을 메사에서부터 스발로 가는 길의 동쪽 산이었더라 라고 기록하며 요밥을 끝으로 욕단의 후손은 성경에서 사라진다.

"여화와를 찬송하리로다"

라고 셈에게 내린 축복과

그때에 세상이 나뉘었음이요
셈은 에벨 온 자손의 조상이요 야벳의 형이라(창21)

고 기록됨에 셈과 에벨에게 내린 온 자손의 조상이요 라는 축복이 육단에게 흐르지 않을 수 없기에 벨렉의 후손만이 하나님이 선택한 선민이 아니라는 것이. 필자의 주장인바 그 근거를 제시하고져 한다.

1) 다른 민족을 부르심

성경은 이스라엘 민족이 하나님께 패역한 죄를 범할 때마다 모르는 다른 한민족을 계속하여 거론하며 사용한다고 말씀하신다.

그들이 하나님이 아닌 것으로 내 질투를 일으키며 허무한 것으로 내 진노를 일으켰으니 나도 백성이 아닌 자로 그들에게 시기가 나게 하며 어리석은 민족으로 그들의 분노를 일으키리로다. (신32:21)

2) 마지막에는 포도원을 옮기실 것을 예언하시고 (마21:33~43)

3) 예수를 십자가에 못 박을 때 백성이 대답하여 이르되 그 피를 우리와 우리 자손에게 돌릴지어다. (마27:25)

4) 마지막 날 이방인으로 하여 축복받게 하여 시기하고 질투 나게 하여 유대인으로 하여금 아브라함에 약속한 구원을 성취하기 위해.......

성경적으로 보나, 축복 통로로 보나, 하나님의 역사 섭리로 보나, 현재 이루어지는 일들로 보나, 셈의 후손인, 에벨의 후손인 욕단과 요밥(욥)의 후손을 들어 쓰지 않을 수밖에 없다는 것이 이와 같은 필자의 주장인바 그 이유를 계속 이어가겠다.

3. 홍수 후 바벨탑 사건

(부제: 우리 말과 글이 인류 최초의 언어와 문자인 이유)

온 땅의 언어가 하나요. 말이 하나였더라. 이에 그들이 동방으로 옮기다가 시날 평지를 만나 거기 거류하며 서로 말하되 자 벽돌을 만들어 견고히 굽자 하고 이에 벽돌로 돌을 대신하며 역청으로 진흙을 대신하고 또 말하되 자 성읍과 탑(塔)을 건설하여 그 탑의 꼭대기를 하늘에 닿게 하여 우리 이름을 내고 온 지면에 흩어짐을 면하자 하였더니 (창11:1-4)

욕단의 후손이 거주하는 곳은 메사에서부터 스발로 가는 동쪽 산이었다고 기록하고 있고 바벨탑을 쌓은 곳은 시날 평지에서 니느웨,,,,,,,..에 이르기까지라고 기록하고 있다. 정확한 지역을 지정할 수는 없으나,

> 함의 아들은 구스와 미스라임과 붓과 가나안이요.......구스가 또 니므롯을 낳았으니 그는 세상의 첫 용사라 ....그의 나라는 시날 땅의 바벨과 에렉과 악갓과 갈레에서 시작되었으며 그가 그 땅에서 앗스르로 나아가 니느웨와 ,,,,,,,,(창10:6-12)

라고 기록하고 있음에 어떻게 보면 바벨탑 사건은 함의 후손이 거주하는 시날 땅의 바벨 ..... 과 욕단의 후손이 거주하는 지역이 다르기에 상관없다고 가정할 때 욕단과 그의 후손이 사용한 언어는 "언어를 혼잡하게" 하기 전의 언어의 가능성이 크다 하겠다. 그러기에 우리말과 우리글이 인류 최초의 언어와 문자라는 것이고 그 증거들이 수두룩하다는 것이다.

인류창조 3
(부제 : 우리 말이 인류 최초의 언어인 이유)

우리 엄마
우리 아빠

우리나라
우리 하나님이라 함에

그것도 채 부족하여

내가 아닌

우리 부인,
우리 남편이라 함에

거리낌 없이
역겨움조차 없는 것은

"하나님이 이르시되

우리의 형상을 따라
우리의 모양대로
우리가 사람을 만들고......." 1)

우리가 하나님의 형상과 모양대로
우리가 창조되었기 때문이라.

주1) 창세기 1장 26절

이 무리가 한 족속이요 언어도 하나이므로 ....우리가 내려가서 거기서 그들의 언어를 혼잡하게 하여 그들이 서로 알아 듣지 못하게 하자 하시고 (창11:6-7)

기록함과 같이 하나님은 창세기 1장 26절에도 당신에 대한 호칭을

"하나님이 이르시되

우리의 형상을 따라
우리의 모양대로
우리가 사람을 만들고........"

영어에서는 "my house, my father, my mother, my wife, my husband, my baby, my daring,........ "라 하여 "my"를 사용하지만 우리는 "우리"라는 말을 대체적으로 사용한다. 오히려 "나"라는

말이 더 어설프게 느껴지는 까닭은 오래된 우리의 언어습관 이전 창조주 하나님의 습성을 우리 민족이 그대로 닮아 사용했기 때문임과 동시 우리 말과 글이 성경에서 기록한 대로 언어를 혼잡하게 하기 이전의 인류 최초의 말과 글이기에 가능하다는 것이다.

물론 "우리 집, 우리 학교"라 함에 "우리"라는 단어는 공동체적인 복수의 개념으로 이해할 수 있겠지만, 성경적으로나, 사회학적으로나 일부일처제가 상식인 우리 사회에서 단수 개념이 아닌 복수 개념인 "우리 남편" "우리 부인" "우리 아저씨" "우리 마누라" "우리 애인"....... 등을 거리낌 없이 사용함에 역겨움조차 없는 민족은 아마 우리 민족 외에는 없을 것이며 이것이 바로 하나님이 당신을 일러 "**우리**"라 함과 같이 아담과 하와 역시 "우리" 라는 말을 그대로 사용한 혼잡하게 하기 이전의 인류 최초의 말과 글이기에 필자(시인)는

「하나님이 이르시되
우리의 형상을 따라
우리의 모양대로
우리가 사람을 만들고....... "
우리가 하나님의 형상과 모양대로
우리가 창조되었기 때문이라.」

라고 노래하고 있는 것이다.

이는 욕단의 후손이 바벨탑 사건에 동참하지 않고(설령 동참하였다 하더라도 문제가 되지 않음) 스발로 가는 동쪽 산에 이름에 언어를 혼잡하게 하기 이전 아담이 지은 인류 최초의 언어를 우리 한민족이 그대로 가지고 온 흔적이고, 그런 이유로 창세기 사건을 한자에 그대로 각인시켜 사용할 수 있는 계기가 되었다는 것이다.

많은 외국인이 우리 말(한국말)을 배울 때 "우리 엄마", "우리 아빠", "우리나라", "우리 하나님"은 이해할 수 있겠는데 일부일처의 사회에서 어떻게 복수인 "우리 마누라" "우리 남편" "우리 아저씨" 서슴없이 사용할 수 있냐고 묻기에 원래 우리말이 인류 최초의 언어였기에 그렇다고 말한 적이 있는데 그들이 이해를 하였는지 모르겠으나,,,,,,.

그뿐인가?

합(合=人+一+口) 사람의 입(언어)이 하나다.
탑(塔=土+人+一+口) 사람의 입(언어)이 하나일 때 땅에 탑을 쌓았다.

곧 바벨탑 사건을 말해 주고 있으며 바벨탑 사건이 아니고서는 정녕코 만들래야 만들 수 없는 문자이기에, 본서에서는 황제의 한자 창조 기록의 허위에 대해 더 이상 언급하지 않겠다. 한편 놀랍게도 영어에서는 top, tower(우리글에서와 같이 뜻은 없고 음가만 차용함에 우리의 말과 문자의 위대함을 찾아볼 수 있음)라 하는데 이러한 예는 수없이 많이 발견할 수 있으며

(예 1. 불(由=ノ+田)--〉 바알, 뜻 : 에덴동산에서 또는 선악과에 생명 있는 것, 귀신 머리 불
2. ᄋᆞᆯ --〉 엘 뜻 : 생명을 낳는 ᄋᆞᆯ
3. ᄉᆞ벌 --〉 스발 뜻 : 새로운 곳(땅), 서울, 시골
4. 아빠(ABBA) 뜻 : 아버지
5. 요밥......〉욥

언어가 가지는 보편타당성에 해당한다고 필자는 그의 저서에서 이미 밝힌 바 있고 이는

성경이 기록한 대로 동으로 이주한 욕단의 후손이 아니고서는 결코 만들 수 없는 인류 최초의 문자이기에 K-POP에 이어 K-LANGUAGE, K-CHARACTER...........등 한류가 난리인 이유를 제시하고 있는 것이다.

> 너희가 아들이므로 하나님이 그 아들의 영을 우리 마음 가운데 보내사 아빠(ABBA) 아버지(FATHER)라 부르게 하셨느니라(갈4:6)

따라서 예수님의 영을 받은 자는 서자에서 양자가 된다는 우리의 건국 신화와 우리말 "아버지"라는 말이 아빠(ABBA) 라 정확히 일치함에 **우리 말이** 인류 최초의 언어인 이유 중 또 다른 예라 하겠고, 싸이의 "강남스타일" 중 "옵 옵 옵.......오빤 ...."라는 가사와 오징어 게임의 "오빠"라는 말이 세계의 유행어가 되고 사탄인 북한이 그 언어를 사용하지 말라고 하는 이유가 아니겠는가?

인류창조(造) 2

(부제 : **우리 글(한자)이** 인류 최초의 문자인 이유)

생명(生)
기원 밝히려고 달려온 다윈

몸속에(口)
생기 담아 다시 태어난 이(儿)

첫 사람 아담(酉)

갈빗대 취해(甲) 덮고(冖)
살 붙인 후(骨)

돕는 자(配) 또 다른 몸
하와(匹)

신비로움
더더욱 다 하고 져

피조
만물뿐만 아니라

글자까지 아로새겨

도무지
핑계 댈 수 없는 사실 알았더라면

鬼 되지 않았을 텐데!

아담은 창조된 모든 만물을 홀로 다스리려다 보니 바쁘고 힘에 벅찼다. 누군가의 도움이 필요했다. 피조물 모두가 암수로 이루어졌지만 사람만이 혼자이기에 홀로 사는 것이 좋지 않아 보였다. 아담을 마취시켜 깊이 잠들게 하고 잠자는 사이

그의 몸(冂)을 개복하여 갈비뼈를 취한(冎) 후 몸을 다시 덮고(冖) 살(肉)을 덧붙였다. 라고 桓字는 한 치의 착오 없이 순서까지 맞추어 증거하고 있다.

인류 최초의 외과 수술이자 骨의 뜻이기도 하다. 회자하면 "骨(冂+冎+冖 +肉= 骨)"자이고 骨의 어원이다. 아담에게로부터 취하신 그 갈빗대로 여자를 만드시고(配, 匹) 아담에게로 이끌고 왔다. 마취에서 깬 아담은 앞에 아름다운 여자가 있음에도 불구하고 기쁨보다는 수술한 가슴의 통증을 느끼며 가슴을 쓰담는다. 누가 가르쳐 주지도 않았는데 자신의 갈빗대가 하나 없어졌음을 직감으로 느끼며 쓰라

린 가슴의 통증 중에서도 기쁨에 그 상황을 이렇게 표현한다.

> "이는 내 뼈(骨) 중의 뼈(甲)요 살(肉) 중의 살이라 이것을 남자(酉)에게서 취한 즉 여자(配,匹)라 부르리라"

최초의 남자가 최초의 여자에게 처음으로 한 최초의 한 마디다. 桓字는 순서에 맞추어 성경의 말씀에 따라 한 치의 오차도 없이 이를 더하여 그렇게 창조되었다고 증거하고 있는 것이고 이러한 한자가 인류 최초의 문자였음을 증거하고 있는 것이 아니겠는가?

> 여호와 하나님이 아담(酉)을 깊이 잠들게 하시니 잠들 매 그가 갈빗대(甲) 하나를 취하고 살로 대신 채우시고(冖 肉) 여호와 하나님이 아담에게 취하신 그 갈빗대로 여자를(配) 만드시고 그를 아담에게로 이끌어 오시니 아담이 이르되 이는……. (창세기 2장 21절~23절)

❖ 환문 풀이

造 : 짓다. 만들다, 흙(土)으로 사람(口)을 만들고 생기(ノ)를 불어 넣어 걸어 다니는(辶) 사람을 형상화한 會意 환자(土+口+ノ+辶=造)

兇, 凶, 亡……. : 성령인 儿이 몸 안에 없다.

骨 : 뼈 골, 골격, 몸통 (口+甲+冖+肉= 骨) 남자의 몸(口)에 갈빗대를 취해(甲) 덮고(冖) 살로 대신 채우셨던(肉) 남자, 아담의 몸통 골격(骨)을 형상화함.

甲 : 가질 압, 취하다 : 몸을 개복해 갈빗대를 취한 것을 형상화함.

冖 : 덮을 멱. 덮어 가리다 갈빗대를 취한 후 덮은 것을 형상화함.

肉 : 月은 祭에서와 같이 肉의 변형 문자이며 肉을 눕혀놓은 고기 육, 살을 형상화함.

(「그가 남긴 흔적」 35~38쪽 인용)

4. ᄋᆞᆯ이랑 (with God together)

(부제 : 인류 최초의 찬송가: 하나님과 함께)

욕단은 ,,,,,,, 요밥을 낳았으니 이들은 다 욕단의 아들이며 그들이 거주하는 곳은 메사에서부터 <u>스발로 가는 길의 동쪽 산이었더라</u> (창10 24- 30)

욕단의 후손은 메사를 출발하여 ᄉᆞ벌로 가기 전에 동쪽 산에서 잠시 머무르는데, 노아 할아버지가 가르쳐준 창세기의 사건과 홍수와 무지개 사건을

1) 한자에 새기고
2) 무지개 모양의 활과 무지개의 7색깔을 색동저고리(요셉의 채색옷)의 한복과
3) 에덴동산에서 피의 제를 지내고 가죽옷을 입은 것과 같이 붉은 피를 상징하는 포도주 대신 팥죽을 먹으며(야곱의 팥죽)
4) 무궁화(샤론 꽃)를 심고 인류 최초의 찬송가인 ᄋᆞᆯ리랑을 부르며 천산 산맥과 파미르(파 + 마루) 고원을 넘으며 동쪽 산에 잠시 머무르는데.........

ᄋᆞᆯ이랑(아리랑)

(부제 : 하나님이랑: 인류 최초의 찬송가)

1

비치니까 빛나
빛나니까 밝아
밝(朴)으니까 환해(桓,韓)

하늘이라서 하느님이 아니라
하나라서 둘이 아닌 하나님이 아니라

빛이니까 환한님(桓,韓,朴 ...) 주1)
니은 연음 하난님
니은 탈락 하나님

2

나오니까 나~ㅁ
낳고 나온 것이니까 남긔에서 나무

낳으신 이가 태 모은 곳 씨 ᄋᆞᆯ(엘)
깨어서 나온 씨의 입이니까 씨~ㅂ

밝은 생명
잉태케 하신 사랑 다 담을 수 없는
그 크심 더더욱 커(大) 한 ᄋᆞᆯ이신 ᄒᆞᆫᄋᆞᆯ님 주2)

니은 연음 ᄒᆞᄂᆞᆯ님
리을 탈락 하나님

3

너랑
나랑
ᄒᆞᆫ알이랑

ᄉᆞ벌(스발=새로운 곳=하나님) 향해
ᄋᆞ사달(밝은 곳=환한 곳) 찾아 주3)

파마루(파미르) 고개 넘어 동쪽 산자락 따라 ᄒᆞᆫᄋᆞᆯ이랑 주4)

무지개 색동저고리
붉은 피 팥죽 먹고

무지개 큰 활
샤론 꽃(무궁화) 심으면서 주5)

동쪽 산 끝 고개 넘어
ᄉᆞ벌(스발 =새로운 곳=하나님) 찾아 ᄒᆞᆫ ᄋᆞᆯ 이랑,
ᄋᆞᆯ이랑, ᄋᆞᆯ ᄋᆞᆯ이요 주6)
ᄋᆞᆯ이랑 고개를 넘어간다.

4

ᄋᆞᆯ이, ᄋᆞᆯ이랑
수리 수리랑
ᄋᆞᆯ ᄋᆞᆯ 이요
ᄋᆞᆯ이랑 고개를 넘어간다

나를 버리고 가시는 님은
십 리도 못가 발병 났네만

ᄋᆞᆯ이 ᄋᆞᆯ이
라마 사ᄇᆞᆨ다니이

새벽 여명 밝기 전
어찌하여 나를 버려
깨달으라 하시는지요?

주1)

태초에 말씀이 계시니라 이 말씀이 하나님과 함께 계셨으니 이 말씀은 곧 하나님이시니라.(요1:1)

주2)

언어의 보편타당성에 따라 ᄋᆞᆯ=알=엘(이스라엘,임마누엘,요엘,사무엘......)=알라, 등의 단어는 환한 빛이신 그리고 생명을 잉태하는 「알」을 일컫는 말로 씨알과 같이 알 중 가장 큰 알을 한(大) 알이라 하였고, 님자를 붙여 우리 민족은 그분을 ᄒᆞᆫᄋᆞᆯ님이라 하였다. 한편 "랑"은 "함께"라는 뜻으로 "아리랑"은 "하나님과 함께" 라는 말이다.

ᄋᆞᆯ ->알의 고어로 고려 가시리의 「얄리」와 함석헌의 「씨ᄋᆞᆯ의 사상」에서 그 뜻을 유추할 수 있다.

주3)

ᄋᆞᆯ사달 -> 아사달(朝日) 밝은 곳의 고조선어(일본의 아사이 신문)

주4)

파+ 마루(언덕)의 합성어로 파마루-> 파미르로 변천

주5)

노아 ->셈->아르박삭-.>셀라->에벨->벨렉(형)-> 아브라함-.>이스라엘
->욕단(동생)->요밥(욥)->대한민국으로

노아의 홍수 사건과 관련 있는 한자 예컨대 船, 搬......등, 무지개와 관련 있는 색동저고리(요셉의 채색옷)와 활(bow, 東夷), 부채, 저고리와 기와집의 곡선 등등 그리고 태극(파랑, 노랑, 빨강의 삼신상제 하나님), 에덴동산(園)에서 제천의 예배를 올린 고인돌 제단(후일 부족 국가인 고구려의 동맹, 부여의 영고 등으로 전래), 양의 피를 상징하는 팥죽(야곱의 팥죽)과 무궁화(샤론 꽃) 등등 수많은 흔적들을 찾아볼 수 있다.

園 : 土+口+衣+口 흙으로 만든 사람에게 옷을 입힌 곳, 즉 에덴동산을 형상화한 문자임

주6)

그들이 거주하는 곳은 메사에서부터 스발로 가는 길의 동쪽 산이었더라 (창10:32)

스발(ᄉᆞ벌)-> ᄉᆞᄅᆞ블 ->ᄉᆞ울 ->서울
->ᄉᆞᄀᆞ랠 ->시골의 고어로 새로운 땅(벌)의 고어로 처용가와 용비어천가에서 그 어원을 유추할 수 있다.

5. 욕단 후손의 이동 경로와 하나님의 나라 환국
(성경과 역사서 삼국유사 비교분석)

1) 스발의 위치와 어원

성경은 욕단과 그의 후손이 거주하는 곳을

메사에서부터 <u>스발로 가는 길의 동쪽 산이었더라</u>

기록하고 있고 역사서 삼국유사는

고기운

석유환국
....
서자환웅
....
강어태백산
신단수하
위지신시,,,,,,,

고매어단수하주원유잉
....
양생자 호왈단군왕검

....

도평양성

(금서경)시칭조선

고서에 말하길 옛날 환국이 있었는데 서자 환웅이....... 태백산 정상 신단수 아래로 내려와 신시를 건국하고 .... 매일 신단수 아래서 아기 낳기를 빌었는데 아들을 낳으니 이분이 단군왕검이시고 평양성에 도읍을 정하고 비로소 조선이라 하였다. 이하 「그가 남긴 흔적」 173~283 참조)

스발로 가는 길의 동쪽 산이었더라

문맥상 목적지는 스발이고 경유지는 동쪽 산이라고 볼 때 성경의 내용과 일맥상통하다 하겠다. 서자 환웅은 삼위태백 후 태백산에 내려와 신단수 아래에 신시를 건국하였다고 환국의 실체를 밝히고 있으며, 후일 단군왕검께서 평양에 도읍을 정하고 조선을 건국했다고 기록하고 있다.

물론 지명에 대한 위치를 특정할 수는 없겠지만, 태백산은 한반도에 있는 현재의 지명은 적어도 아니고 스발의 중간에 있는 백두산 정도의 높이의 큰 산임에는 부정할 수 없겠고 따라서 스발이 시베리아일 가능성은 적다하겠다.

"스발"은 "새로운 땅(벌)"이라는 뜻으로 서울과 시골의 고어로서

스발(ᄉᆞ 벌)-> ᄉᆞᄅᆞᄇᆞᆯ -> ᄉᆞ울 ->서울

-> ᄉᆞᄀᆞᄇᆡᆯ -> ᄉᆞᄀᆞᄇᆞᆯ ->시골

로 변천하였다. "ᄋᆞᆯ" 이나 "ᄉᆞ" 이나 아래아의 음가가 사라져 성경

에 기록된 “스발”이 말하는 발음은 정확히 알 수 없으나 “새로운 땅(벌)”이라는 뜻은 분명하다 할 때, 처용가의 ᄉᆞ벌이나 용비어천가의 ᄉᆞᄀᆞ블에서 그 어원을 미루어 유추할 수 있겠다.

우연의 일치인지 모르겠으나

일본의 동경, 중국의 북경과 남경은 있는데 중앙에 있는 중경은 어디 있는가? 지리학적으로나, 인문학적으로나, 어원적으로나 음성학적으로나 오늘날 우리의 서울이 중경이 될 수밖에 없는 이유가 아니겠는가?

따라서 구약 시대에는 세계의 중심이 아프리카와 유럽과 중앙아시아를 잇는 이스라엘이었다면 신약시대 그리고 신대륙 발견 후 세계의 중심은 해양 세력과 대륙 세력이 만나는 한반도이기에 공산 세력과 민주 세력이, 종교와 문화가 용광로(멜팅포트)에 녹아대 충돌하여 세계의 더러운 오물을 다 정화하고 새로운 문화로 새롭게 태어나기에 한류가 세계인의 마음을 사로잡는 이유이며, 더 나아가 마지막 날 세계 복음의 중심이 되어야 하는 절대 예정 속 하나님이 계획하신 역사의 목적을 달성하기 위하여 마지막에 쓰시려고 감추어놓은 민족이라는 것이다.

2) 하나님의 정의

㉠ 하나님

1

비치니까 빛나
빛나니까 밝아
밝(朴)으니까 환해(桓,韓)

하늘이라서 하느님이 아니라
하나라서 둘이 아닌 하나님이 아니라

빛이니까 환한님(桓,韓,朴 ...)
니은 연음 하난님
니은 탈락 하나님

하나님에 대한 정의다. 한 분이라서 또는 큰 이란 '한' 이란 것에서 왔다고도 하고 모 종교에서는 하느님이라고도 한다. 솔이 소나무가 되었듯이 하늘이라는 보통명사에 님을 붙여 대명사화함에 'ㄹ'이 탈락하여 하느님이 된 것이다. 무소불위의 하나님이시다. 하늘에 국한한다는 것은 신의 전지전능성을 무시한 언어적 모순이다. 정확히 정의한다면 태초에 하나님은 말씀과 함께 계셨고 그 말씀은 "빛이 있으라."였다. 그 말씀에 따라 우주가 창조되었다. 현대 과학에서 밝히는 우주 대 폭발, 즉 빅뱅이다. 공간과 빛은 동시에 창조되었다. 왜 창조하셨을까? 과학은 현상만을 말할 뿐이다. 사랑의 표현 방법을 과학이 모두 설명할 수 없는 이유와 같다. 그러니 "저절로, 우연히"라고 말하는데 그것처럼 미신적인 학문과 종교가 또 어디 있는가? 그러나 분명히 목적이 있었다. 그것은 바로 사랑이었다. 주체할 수 없어 잉태하지 않으면 안 되는 응축된 내심의 심층 세계의 발로에 대한 결과물이다. 그 사랑의 빛이 온 세상을 비추임에 밝았고 환했다. 보시기에 좋았다. 기뻤다. 빛을 창조하신 그분을 빛과 함께 있다 하여 우리 조상들은 밝고, 환하다 하여 환하신 분, 환한 님, 하나님이라 부르기 시작했다. 한자식으로는 **桓因**이고, 환한 님의 아들은 **桓雄**이라 하였고, 그 나라는 **桓國**이었고, 그 환한 나라의 글자는 **桓字**라 표기했다. 桓, 韓, 칸, 박(朴), 박달, 배달, 檀 ……. 등의 어원은 밝고 환하다는 빛에서 유래되었다. 내가 말하는 것이 아니다. 삼국유사에서 말하고, 성경에서 말하고 있는 것이고 진리는 하나이기 때문에 일맥상통하기에 그러한 것이다. <u>漢字는 桓字 또는 韓字의 오류인 것이다</u>. 漢나라 이전 漢族 이전 밝고 환한 글자인 桓(韓)字는 밝고 환한 나라인 桓國 백성이 이미 사용하였기에 필자가 漢字가 아니라 桓字임을 밝히는 바이고 ....(「그가 남긴 흔적」 24쪽)

㉡ 아리랑

아리랑은 작사, 작곡자가 없는 우리 민족의 한과 정서를 가장 잘 담고 있는 민요이지만 정작 우리는 아리랑이 언제, 어디서, 어떻게 불리어졌는지, 그 뜻이 무엇인지, 그곳에 담겨져 있는 사상이 무엇인지 정확히 알지 못하고 있다. 그 이유는 우리가 우리의 종교와 정체성을 잃어버렸기 때문이라고 필자는 이미 밝힌 바 있다.

2

나오니까 나~ㅁ
낳고 나온 것이니까 남긔에서 나무

낳으신 이가 태 모은 곳 씨 ᄋᆞᆯ(엘)
깨어서 나온 씨의 입이니까 씨~ㅂ

밝은 생명
잉태케 하신 사랑 다 담을 수 없는
그 크심 더욱 커(大) 한 ᄋᆞᆯ 이신 ᄒᆞᆫᄋᆞᆯ님

니은 연음 ᄒᆞ늘님
리을 탈락 하나님

3

너랑
나랑
ᄒᆞᆫ 알이랑

ᄉᆞ 벌(스발 =새로운 곳=하나님) 향해
ᄋᆞ 사달(밝은 곳= 환한 곳) 찾아

파마루(파미르) 고개 넘어 동쪽 산자락 따라 ᄒᆞᆫ ᄋᆞᆯ이랑

무지개 색동저고리
붉은 피 팥죽 먹고

무지개 큰 활
샤론 꽃(무궁화) 심으면서

동쪽 산 끝 고개 넘어
ᄉᆞ 벌(스발 =새로운 곳=하나님) 찾아 ᄒᆞᆫ ᄋᆞᆯ 이랑,
ᄋᆞᆯ 이랑, ᄋᆞᆯ ᄋᆞᆯ 이요
ᄋᆞᆯ 이랑 고개를 넘어간다 (ᄋᆞᆯ 리랑 중에서)

"ᄋᆞᆯ"은 생명을 낳는다. 함석헌 선생은 그러한 개개의 알을 씨에 ᄋᆞᆯ 을 붙여 "씨ᄋᆞᆯ"이라 하였고, 민중을 대신하여 불렀듯이 우리는 그러한 씨를 낳는 여성의 생기를 씨의 잎이라 하여「씨~ㅂ」이라고 하였고 나무가 땅에서 나오니까 "남"이고 ->"나무"가 된 것 같이, ᄋᆞᆯ은 죽음에서 생명을 잉태시키는 신이고, 그러한 신중 최고의 생명을 잉태케 하시는 최고의 신을 우리는 큰이라는 "한"을 붙여 "ᄒᆞᆫᄋᆞᆯ"이라고 하였고 "님"을 붙여 "ᄒᆞᆫᄋᆞᆯ님"-> ᄒᆞᄂᆞᆯ님->하나님이라 불렀다. 박혁거세나 김알지의 알 탄생 신화는 다

이러한 생명을 잉태하는 “ᄋᆞᆯ” 사상에 근거한 것이다. 약속이나 한 듯, 우리 민족은 사람이 죽으면 “돌아가셨다” 라고 한다. 어디로 “돌아갔다”는 것인가? 생명 탄생 전「ᄋᆞᆯ」로 다시 돌아갔다는 뜻으로 우리의 묘(무덤)가 알처럼 생긴 이유이기도 하다.

「ᄒᆞᆫ ᄋᆞᆯ 님-〉하 ᄂᆞᆯ 님-〉하나님」
「환한님-〉하난님-〉하나님」

성경이 없었어도, GOD와는 비교조차도 할 수 없는, 지극히 성경적인 하나님의 정의를 우리 조상들은 이해하였던 것이다.

앞서 말했듯이 “아리랑”은 “하나님과 함께” 라는 뜻으로 아담과 하와가 에덴동산에 쫓겨날 때 불렀던 찬송가라고 시인은 노래하고 있는 것이고 욕단의 후손이 천산산맥과 파미르 공원을 넘으며 스발을 향해 동쪽 산을 넘으며 부르던 인류 최초의 찬송가였던 것이고, 이는

> 셈의 하나님 여화와를 찬송하리로다 가나안은 셈의 종이 되고 하나님이 야벳을 창대하게 하사 셈의 장막에 거하게 하시고 가나안은 그의 종이 되게 하시기를 원하노라 하였더라 (창 9:26~27)

성경 말씀을 이루려 함이 아니었겠는가? 또한 제사장의 나라인 우리 민족의 장막에 거해야 했기에 한국 전쟁 중 세계 열방이 제단에 피를 뿌린 이유이며, 이스라엘과 한미동맹 뒤에는 유대교와 기독교의 자유 서방 세계가........,

팔레스타인 뒤에는 이슬람 국가인 이란, 이라크,,,,,,, 공산주의의 주체사상 북한과 중국과 러시아가 있는 것이고 따라서 역사는

아마겟돈 전쟁을 향해 끊임없이 흐르고 있는 것이 아니겠는가?

> <u>엘리 엘리</u> 라마 사박다니 하시니 이는 곧 나의 하나님, 나의 하나님, 어찌하여 나를 버리셨나이까 하는 뜻이라 (마 27:46)

예수님이 십자가에서 하신 마지막 말씀이다.

"엘"이나 "ᄋᆞᆯ"이나 고려 가시리의 "얄"이나 "ᄋᆞᆯ"에 대한 음성학적으로 음가가 없어져 구분을 할 수 없지만 음성학적으로나, 의미론적으로나,

이스라ᄋᆞᆯ, 임마누ᄋᆞᆯ, 사무ᄋᆞᆯ ...., 알라, 고려 가시리의 「얄」과 함석헌의 「씨+ᄋᆞᆯ」 박혁거세와 김알지의 "알" 탄생 신화는 생명을 잉태하시는 ᄒᆞᆫᄋᆞᆯ님 곧 하나님의 ᄋᆞᆯ사상에서 그 어원이라 유추할 수 있다 하겠고 아빠(ABBA)라는 어원 역시 그렇다 하겠다.

이렇듯 언어, 문자, 의복, 풍속, 음악, 음식(동지 팥죽), 역사, 장례문화.......등 우리가 생활하는 모든 곳에서 기독교 문화와 떼려야 뗄 수 없는 이유를 필자는 우리 민족의 조상이 성경에서 말하는 욕단이 아니고서는 인위적으로 할 수 없는 것이고, 또 성경과 삼국유사의 내용이 동일하게 그렇게 증거하기에 그렇다는 것이다.

3) 서자 환웅

하나님 = 말씀 = 빛 = 생명

역사서는 하나님을 환하다 하여 환한님이라 하였고 한자로는 桓因, 그의 아들을 서자 환웅(환한분의 남자)이라 하였고, 그가 다스리는 나라를 환국이라 하였다. 이렇듯 역사서는 성경과 한 치

의 착오 없이 정확히 기술하고 있는데 그것을 어떻게 신화라 하느냐? 라는 것이다. 그것뿐인가? 필자는 이미 「그가 남긴 흔적」에서 건국 신화의 비과학적 요소를 모두 밝힌바 있어 참조하기 바라며 본서에서는 결정적인 2가지 내용을 소개하기로 하겠다.

그분은 친자가 아니라 서자라 분명히 신분을 밝히고 있다. 왜 친자라고 아니하고 서자라 하였을까? 남들은 황제니, 천자니, 천황이니 하는데 왜 우리의 건국사는 친자가 아닌 서자라고 하느냐 이 말이다. 홍길동전에서 서자는 호부호형도 할 수 없었던 천한 신분이었는데 부끄럽게 건국사에 서자라고 기록함은 왜곡이 아닌 신화가 아니라 실화라는 산 증거라는 것이다.

인류창조에 대한 서적이 성경의 창세기 기록 외에는 없다. 진화론으로 말하자는 것이 아니다. 그것밖에 없으니 그것으로 증명해 보자는 것이다. 아니 그게 아니라 정확히 말해 하나는 그럴 수도, 저럴 수도 있다는 이론이고, 또 다른 하나는 그렇다는 원리이며 진리이기에 그렇다는 것이다.

> 여호와 하나님이 그 사람에게 명하여 이르시되 동산 각종 나무의 열매는 네가 임의로 먹되 선악을 알게 하는 나무의 열매는 먹지 말라 네가 먹는 날에는 반드시 죽으리라 하시니라(창216-17)

하나님은 말씀은 오류가 없기에 절대적이다. 또한 전지전능해야 하기에 그러하다. 인간에게 창조의 절대성을 위해 자율성을 주셨고, 그 책임을 인간에게 부여함으로써 창조성을 부여하고 져 하였지만 결국 인간은 하나님이 금지한 선악 나무의 열매를 먹고 선악을 알게 되고, 영생할 수 있는 생명나무의 열매를 먹는 것을 금지함에 말씀에 따라 죽게 된다. 이것을 성경에서는 인류의 타락이라고 한다. 하나님의 말씀을 거부하고 사탄의 말씀에 따름으로써 친자의 신분에서 종의 신분으로 타락하고 죽게 된다.

종(從)

성경과 일치하여 한 사람도 아니고 두 사람이 죄를 좇아 종이 되었다. 성경은 선악과와 관련된 최초의 인류인 아담과 하와에 대해 자세히 기록하고 있고, 한자는 약속이나 한 듯이 선악과와 관련된 문자에 대해 두 사람을 각인시켜 놓았다. 우연히 만들어진 글자라고 말하는 것이 오히려 더 억지일성 싶다. 예를 몇몇 든다면

상(喪) : 에덴동산(亠)에서 두 사람(口口)이 옷(衣)을 입어 죽게 되었다. 선악과를 먹고 부끄러움을 알게 되어 나뭇잎으로 몸을 가린 아담과 하와를 정확히 말하고 있다.

<u>厂, 广, 亠 등은 언덕, 기슭, 집을 나타내는 문자임</u>

래(來), 겹(唊), 검(檢)...... 모두 선악과와 관련된 두 사람을 지칭한다 할 수 있겠다. 이하 「그가 남긴 흔적」 참조

그러나 차선책으로 그들을 죽이기보다는 희생의 제물을 드리고 붉은 피로 그들의 죄를 씻으시고 가죽옷을 입혀 주심으로써 종의 신분에서 친자가 아닌 서자로 삼으신다.

친자 --〉 종 --〉 서자
(선악과 먹기 전) (선악과 먹은 후) (양과 소의 희생의 제사를 드린 후)

--〉 양자 --〉
(예수 그리스도의 십자가 제사 후, 그를 믿는 자들 중 성령 받은 후)

--〉 친자

(재림 후 생명과 먹은 후)

그분이 바로 아담 환웅이요, 셋 환웅이요, 에노스 환웅이요, 에녹 환웅이요.......노아 환웅이요, 욕단 환웅이요, 요밥 환웅........이시다. 서자 환웅은 하나님의 서자라는 뜻으로 대명사가 아니라 보통명사라고 밝힌 한 바 있고, 서자 환웅이라고 함은 지극히 성경적이고 논리적이기에 단군신화가 아니라 단군 실화라는 왜곡되지 않았다는 증거라는 것이다. 「그가 남긴 흔적」 184-198쪽

> 너희는 다시 무서워하는 종의 영을 받지 아니하고 양자의 영을 받았으므로 우리가 아빠(ABBA) 아버지라 부르짖느니라 (롬8:15)

이렇듯 우리의 건국 신화는 성경 신약이 이천 년 전에 기록된 내용에 일치하여 4천 년 이전의 신분을 한 치의 착오도 없이 정확히 기록하고 있다. 비록 일연이 고서를 인용하여 일천 년 전에 기록하였다고 하더라도 일연은 그 이유를 몰랐던 사람이다.

> 피조물이 고대하는 바는 하나님의 아들들이 나타나는 것이니 ....피조물도 썩어짐의 종노릇 한 데서 해방되어 하나님의 자녀들의 영광의 자유에 이르는 것이니라(롬8:19~21)

단수가 아니고 복수다. 환웅(桓雄: 하나님의 남자)이 보통 명사가 될 수 있다는, 성자 외에 다른 이들, 앞의 내용을 간접 증거하는 신분을 나타내는 용어라 할 수 있겠고, 우리의 건국 신화와 성경이 우리의 신분에 대해 어떻게 이렇게 정확히 일치하여 말하고 있는지, 일본의 천황이나, 중국의 황제와 같은 신분과 용어와는 비교조차도 할 수 없는 정확한 우리의 정체성을 밝힘에 놀라움을

금할 수 없는 이유이다.

*** 한문풀이**

제(祭=肉+又+示) 희생시킨 고기를 손에 들어 하나님께 죄를 용서
해 달라며 빔
배(拜=手+羊) 양을 손에 들어 용서해달라며 하나님께 경배함
從(從=人人+走) 두 사람이 죄를 쫓다 종이 되었다.

4) 환국과 조선의 종교

"역사서에서 노아 홍수 이전의 역사와 홍수 이후의 역사를 기록한 역사서는 삼국유사와 성경밖에 없다. 삼국유사는 고기를 인용하여 옛적에 환국이 있었다 하고, 환인과 서자 환웅을 언급하고 있다. 그 나라의 종교는 국호와 국가를 다스리는 환한님, 그리고 그의 아들 서자 환웅과 같이 문자가 가지는 속성에 따라 환하신 분을 믿는 하나님 종교였다. 일연은 이러한 이유를 몰랐기에 그 나라를 자기의 종교에 근거하여 "재석야" 라고 석가의 나라라고 부연 설명하였지만 잘못 깨달은 것이다.

한편 환웅의 아들 단군왕검은 정확히 홍수 70여 년 후 조선을 건국하고 삼한(마한, 진한, 번한)으로 분할하여 나라를 통치한다.

㉠ 조선(朝鮮)

朝 : 해(日)와 달(月)이 있어 밝다. 공교롭게도 십자가가 둘이다.
鮮 : 魚+羊 물고기와 양이 함께하니 곱다. 好 여자와 남자가 함께하니 좋다는 뜻과 같이 물고기와 양이 함께하니 곱다는 뜻이다. 魚는 물고기를 뜻 하지만 "나"라는 뜻도 포함함에 재 해석

하면 나와 양이 함께하니 곱다는 뜻이다.

犧 : 牛+羊+秀+戈 흠 없고 죄 없는 소와 양을 창으로 희생시키다 라는 희생 희 자다. 에덴동산에서 선악과 먹은 그들을 차마 죽일 수 없어 차선책으로 양과 소를 죽여 제단에 번제한 후 가죽옷을 해 입히시고 훗날 메시아를 기다리라며 에덴동산에서 쫒아낸다.

그 양이 바로 우리의 죄를 위해 희생하신 예수 그리스도이다. 따라서 鮮은 나와 예수 그리스도가 함께하니 고와 아름답다는 뜻이다. 의(義), 미(美), 선(善) 공통어는 양과 나이다. 양과 내가 함께하니 착하고, 아름답고, 의롭고, 곱다는 뜻이다. 조선은 그렇게 해서 만들어진 국호이고,

㉡ 삼한(三韓)

韓 : 日+吾 +口+牛 소의 가죽옷을 입은 나는 정결하다 라는 뜻으로 제배 후 아담과 하와가 가죽옷을 입고 에덴에서 쫒겨 난 사건을 부연 설명하는 것으로 이는 어린 양이신 예수 그리스도가 십자가에 제배 후, 입는 옷, 다시 말해 예수 그리스도의 말씀을 말하는 것이다. 한편 韓의 어원은 고조선의 삼한 제도에서 온 것으로 고종 황제가 삼한을 합쳐 대한이라 하였음에 고조선의 종교가 기독교임을 밝히는 결정적인 증거이며 우리 대한민국의 국호가 기독교의 교리에 의해 지어진 이름임을 밝히는 증거라 하겠다. 더하여 애국가의 하느님, 샤론 꽃인 무궁화, 삼족오의 수리, 봉황,,,,,,. ᄋᆞ리(ᄋᆞᆯ)와 같이 수리로 수많은 증거들이 뒷받침하고 있다.

그 소가 바로 우리의 죄를 위해 대신 희생한 예수 그리스도이며,

가죽옷은 아담이 에덴동산에서 입었던 옷이며, 오늘날 그 가죽옷은 희생 제물이 되시는 그리스도의 말씀이다. 우리는 그의 말씀으로 우리의 죄를 씻어 몸을 정결히 해야 한다. 조선(朝鮮)과 삼한(三韓)에서 이미 조선의 종교가 희생의 제를 통해 죄를 탕감 받는다는 기독교의 종교라고 국호에 이미 새겨놓았다. 개천절, 하늘이 열린 날이다. 노아가 제단을 쌓고 희생의 제를 드린 것과 같이 욕단의 후손이 동으로 이주하면서 제단을 쌓고 희생의 제를 드렸더니 하나님이 하늘 문을 열고 그 제물을 받으시고 조선과 삼신상제의 속성에 따라 삼한으로 나눠 통치한 첫 날. 그날이 개천절인 것이다. 아버지 환웅의 종교를 아들 단군왕검이 물려받고, 조선이 망한 후 부족 국가에서 지낸 제천의 종교, 부여의 영고, 고구려 동맹 등이 하루아침에 생겨난 것이 아니라 조선의 제천의 종교를 물려받은 종교였는데 우리는 사대모화사상과 우상숭배의 종교, 주자학이니, 성리학이니 하는 요순 원시 공동 시대의 도덕관과 사회관에 심취하여 우리의 종교와 우리의 정체성을 잃어버렸기에 아리랑이라는 민요에서와 같이 우리의 역사가 고난의 역사였다고 필자는 그의 저서에서 밝히고 있는 것이다.

> 누구든지 그리스도와 합하기 위하여 세례를 받은 자는 그리스도로 옷 입었느니라(갈3:27)

5) 태극기(삼신상제 하나님의 문양인 태극)

성조기, 일장기, 오성기 등 세계 국가의 국기를 보면 별, 달, 해 ....등으로 문양하고 있고 특별한 뜻은 없다. 그러나 우리의 국기인 태극기는 원에 빨강과 파랑으로 나뉘어져 있기도 하고, 나아가 태극은 노랑이나 하양을 추가 하여 음과 양의 사상에서 성부, 성자, 성령의 삼수이신 삼위일체 하나님을 태극 사상에 새겨 놓고 있고 삼신할미 사상에 흐르고 있는데 우리는 그 이유를 잃어버려 정확히 모르고 있다. 이 얼마나 안타까운, 어리석은 민족이란 말인가? 피타고라스는 우주의 근본을 「수」에 두었는데 이는 3수이신 하나님(이집트의 피라미드, 오리온 별자리 등)이 4수인 인류를 더해 7과 12수,,,,,,,..21수로 전개되듯 역사가 그렇게 전개되었기에 수학자는 그렇게 말한 것이 아니겠는가?

靈 : (雨+口口口+工+人人)

하늘에서 내려오는 삼신과 두 사람을 연결 시켜주는 것이라 문자는 삼위일체 하나님의 속성과 성경의 두 사람. 아담과 하와를 정확히 설명하고 있다. 이는 성경의 내용을 모르면 만들 수 없는 문자다.

또한 이러한 3수 원리를 세종대왕은 천 지 인이라는 3수에 적용하여(가림도 문자 모방) 모음을 창안하였으니, 모 언어학자는 한글을 일컬어 "신이 인간에게 준 최고의 선물"이라 극찬함은 지극히 성경적이고 하늘의 글자이기에,

우리가 하나님을 닮아 창조됨과 같이 우리 한글 역시 삼수이신 하나님의 속성을 닮아 삼수의 원리에 의해 음성과 음절 발음이 구강 형상을 닮아 기호화한 이유이기에 영어와는 비교가 될 수 없는 하나님이 욕단 후손에게 준 인류최초의, 최고의 문자이기에 K-Character가 난리인 이유가 아니겠는가?

6) 동쪽 산에 머무름과 조선의 건국

또한 역사서는 서자 환웅(庶子 桓雄)이 삼위태백(三危太伯)이라 기록하고 있고(이병도는 삼고 산이라고 하고 다른 이는 백두

산 또는 태백산.......문맥상 큰 산이라는 보통 명사로 봐야 함이 타당하다고 작가는 사료) 성경은 스발로 가는 길의 동쪽 산이었더라 기록함에 어찌 되었든 역사학적으로나 내용상(언어학, 지리학.........) 성경과 일맥상통하다 하겠다.

한편 욕단의 후손은 밝은 새로운 땅(스발, 아사달)을 찾아 태양을 따라 천산 산맥과 파미르 고원을 넘는데 파미르(파는 파, 미르는 마루의 변형)엔 지금도 야생파가 많이 자라고 있다고 하고 욕단의 후손이 지나간 경로에는 무궁화(샤론 꽃)가 있다고 하고 스발에 이르기 전에 동쪽 산에 잠시 머무르면서 신단수(제단)에서 여자의 아들인 그리스도를 보내줄 것을 기도함에 아들을 낳으시고 홍수 후 70여 년 후 B.C 2,333년에 단군 조선이 건국된다.

삼국유사가 집필될 당시 일연은 성경을 모르던 사람이다. 고서에 석유 환국과 요순시대를 언급함에 노아 이전의 국가와 노아 이후의 국가를 연도에 정확히 맞추어 기록한 역사서는 성경과 일연의 삼국유사 외에 이 세상에 없다. 중국 최고의 역사서인 사마천의 사기는 "삼황오제"와 "하" 라는 전설적 나라를 기록하고 있고, 홍수 사건을 간접적으로 언급하고 있지만

일연의 삼국유사는 그들과는 달리

위서운(魏書云)

고기운(古記云),,,,,, 하여 고조선과 환국을 밝힘에 구체화하였고 때도 여고요동시(與高堯同時)라 하여 요임금 때와 같은 시기라며 고조선의 개국 시기를, 옛 기록서를 인용하여 홍수 이전의 국가와 홍수 이후의 국가를 언급함에 객관화하려고 하였고.(같은 책 173쪽 참조)

필자가 오늘날에 다시 성경과 역사서를 대조하여 해석함에 일맥

상통함에 감사할 뿐이다(같은 책 173쪽 참조).

6. 조선의 위치와 한사군의 정체

역사서에 따르면

고조선은 청동기를 바탕으로 단군왕검이 기원전 2333년에 세운 우리나라 최초의 국가로서 2천 년의 역사를 가지며 발전해 오다 기원전 194년 멸망하는데,

당시 1) <u>고조선의 왕이었던 준왕이 연나라에서 천여 명의 무리를 이끌고 내려온 위만이 준 왕을 내쫓고</u> 왕이 된 것을 역사서는 위만 조선이라 기록하고 있다.

위만 조선이 중계 무역으로 동아시아의 강국으로 성장하다
우수한 철제 무기를 바탕으로 중국을 둘러싸고 있는 국경 지대의 이민족들이 고조선 쪽으로 침입해 들어오지 못하도록 견제하면서 영토를 넓혀 사방으로 수 천리에 이르렀다.

특히 고조선은 2) <u>한반도 남쪽의 부족 국가 진</u>의 특산물을 중국의 한나라에 가져다 파는 중계 무역을 통해 막대한 이득을 얻었고 한나라와 진의 중간 지역을 차지하고 있었기 때문에 진이 과일과 술 등 특산물을 직접 한나라에 가져가는 것을 막았기에 한나라의 침입을 받게 되는 주요 원인이 되었다.
중국에서는 한나라가 동북아시아의 최대 강국으로 세력을 떨치고 있었는데, 3) <u>제7대 황제인</u> 한 무제가 진과의 중계무역에 대한 이권 개입으로 고조선을 침범하여 기원전 109년에 고조선이 멸망하였다 하고 4) <u>이곳에 한사군을 설치하여</u> 다스렸다고 하나,

필자는 필자의 저서 「그가 남긴 흔적」에서

1) 위지를 인용하여 준 왕에 대해 "越海 이남지 한야 개국호 馬韓"을 인용하여 왕검성의 위치를 지적한 바 있다. 왕검성이 지금의 평양이었다고 한다면 군이 월해("바다를 건너" 라는 말을 사용할 수 없다는 것이고. 같은 책 217쪽)
2) 한반도의 남쪽의 부족 국가 진이라 하고 최치원이 "마한 麗야, 진한 羅야"를 인용하여 삼한의 위치는 남 삼한이 될 수 없다는 것이고
3) 이긴 나라의 왕은 황제고 패한 나라의 왕은 그저 왕이다. 신흥국 한 무제가 황제이면 고(古)국인 조선의 준이 왕이 될 수 없는 것이다. 이유인 즉 천자만이 천제를 지낼 수 있는 이유이며, 조선은 첨성단이라는 제단에 천제를 이미 지내 왔기 때문이며 부족 국가의 제천행사로 후일 이어졌기에 승자의 역사 기록일 뿐이고 역사 왜곡의 흔적이라는 것이다. 황제의 어원은 진나라의 진시황이 삼황오제에서 가져다 붙인 최초의 황제라는 뜻인바 단군왕검이라는 호칭에 따르면, 이천 년이 지난 호칭을 가진 선진 고국이 신생국 한 무제에 의해 기록된 준 왕이라는 호칭을 우리는 아무런 거리낌 없이 저들이 기록한 대로 저들은 황제, 우리는 왕이라 함에 있을 수 없다는 것이다.
4) 한사군 역시 당나라 배구전을 인용하여 당나라 두우가 편찬한 통전에는 3군(현토, 낙랑, 대방)이라 하고, 한나라 책에는 4군이라고 말하고 이름 또한 같지 않음에 이 무슨 이유인고? (같은 책 176쪽)

삼국유사에 당나라 배구전을 인용하여 3군인지, 4군인지 자기네들 역시 그 이유를 모르겠다고 분명히 기록이 되어 역사 왜곡이 분명한데 어찌하여 우리의 역사 교과서는 이러한 기록을 무시한

채 식민지 사관에서 한 발짝도 나가지 못하고 그들이 기록해 놓은 역사서에 노예가 되어 우리의 올바른 역사서를 가지지 못하는 것에 통탄을 금할 수 없다고 지적한 바 있다. 역사는 승자의 기록이다. 동북아에 이천 년이나 지속한 나라가 신흥국 한나라에 패배했을 때, 이유가 있는 것인데 우리는 그들이 왜곡한 역사서를 그대로 인용하고 나아가 식민지 사관에 얽매이어 우리 자존의 역사를 잃어버려 이유와 원인도 모르는 채 살아가는 부끄러운 후손이다. 아! 이 얼마나 부끄럽고 통탄할 일이란 말인가? 나아가 학자라는 것들이 제대로 지적하는 사람 하나 없으니........

그러나 전파하는 자가 없이 전파되는 자가 어디 있겠뇨? 돌이 소리를 지르니 필자가 어찌 가만히 있겠느뇨? 한사군은 그들이 만들어놓은 역사 왜곡이고 일제 식민사관자들에게 철저히 이용당했던 것이고,

그들 말대로 한사군이 설령 있었다고 하자!

준 단군왕검(역사서는 왕으로 기록)이 월해(越海: 바다를 건너옴)하였던 왕검성에 있어야 하는데 오늘날의 한반도 평양이었더라면 월해라는 용어가 맞지 않다는 것이다. 어디 그것뿐이랴! 조선의 영토가 그렇게 작았단 말인가? 수도를 변방에 두는 그런 미친 나라가 이 세상에 어디 있었는가?

통신과 교통이 발달하지 않았던 그런 시대에 더욱더 그러한 것 아니겠는가? 그런데 우리의 역사 교과서는 왕검성을 오늘날의 평양에 아무런 부끄럼 없이 그려 넣고 있고, 따라서 4군을 한반도에 지정하여 놓았으니, 야 이 미친놈들아! 부족 국가의 부여를 충청도 부여에 다 그려 넣지 왜 그것은 양심상 할 수 없었던 거냐?

해방이 된 오늘에 이르기까지 역사 광복이 이루어지지 않았으니 만주벌판을 떠돌며 독립운동을 외친 독립운동가 마냥 역사라는 해협에서 필자라도 역사 독립을 위해 붓이라는 총대를 손에 걸쳐 매고 광야에서 목 놓아 부르짖노니 귀 있는 자는 들을진저! 심령이 가난한 자는 깨달은 진저!

7. 부족 국가

모르간(Morgan, L.H.)의 발전 단계론에 따르면 인류사에 있어서 통치조직의 발전 형태를 성(性)에 기초를 둔 사회조직—씨족—포족(胞族, phratry)—부족—부족연합체—국가의 순서로 분류하였듯이, 망 조선 후

부여-영고, 고구려, 옥저-동맹, 동예-무천, 삼한-계절제로 7국의 부족 국가로 후퇴하였다. 단군왕검의 황제를 능가하는 국가에서 일개 부족장이 다스리는 부족장의 나라로 후퇴하였으니 역사학자들은 이를 어떻게 설명할 수 있을까? 그들은 고대국가의 출현 기준 여부를 불교 수용 여부에 기준을 두고 있는데 거짓말 좀 그만해라? 노아가 홍수 후 제단을 쌓고 천제를 지냈던 것과 같이 조선은 환국 이후 첨성단(환구단)에 제천하는 하나님을 섬기는 그런 천자의 나라였고, 활과 옷을 창과 칼과 배를 이용하여 만든 국가였다고 한문은 말하고 있지 않는가?

我 : 手+戈　내가 손에 창을 들어 소와 양을 죽여야 했다.
初 : 衤+刀　죽은 소와 양의 가죽을 처음으로 칼을 사용하여 가죽옷을 지어 입었다.

어디서?

園 : 土+口+衣+口 흙으로 만든 사람에게 옷을 지어 입힌 에덴 동산에서

왜?

喪 : 亠 +口 口+衣 두 사람(최초의 인류 아담과 하와)이 선악과를 먹고 부끄러움을 알고 옷을 입어 죽게 되었으니

그래서

犧 : 牛+羊+秀+戈 흠 없는 양과 소를 창으로 희생시켜
拜 : 手+羊 손에 양의 제물을 들고 경배하며
禱 : 示+壽 하나님(제물을 올리는 이)께 목숨 살려 달라 기도하며

祭,禮,祈,哀,義,鮮,美,善.........이하 「그가 남긴 흔적」 1부 참조

수많은 글자들이 그렇게 창세기의 말씀에 따라 한 치의 착오 없이 만들어졌는데 어떻게 황제와 구석기와 신석기와 청동기라는 역사 구분을 할 수 있느냐는 말이다. 지금도 돌로 구부러진 쇠를 펴고, 가마솥에 장작불 피워 밥해먹는 사람이 있다면 그 사람을 신석기 인이라 할 것인가?

그렇듯 한결같이 일곱 부족 국가들의 공통점은 환구단에서 제천을 드렸던 조선의 제천예배를 그대로 물려받았다는 것이고 따라서 하나님께 예배를 드리는 제천의 종교가 그들에게 얼마나 중요했던 것인지 또 역으로 고조선의 종교가 무엇인지 가늠케 한다.

8. 삼국시대와 남북국 시대

하나님께 예배를 드리던 고구려가 예빼 고구려는 조선의 옛 영

토를 회복할 수 있었고, 부여를 수도로 한 백제는 부여의 영고를, ᄋᆞᆯ(하나님)을 숭배하는 신라는 건국 신화를 기반으로 고인돌을 첨성대로 승화하여 무럭무럭 자랐지만 나라가 망하려니 모두가 다 이방 우상의 종교를 앞다퉈 받아들여 조선이 한에 멸망당한 것 같이 당에게 차례로 무너진다. 왜와 한반도와 만주벌판에 이르는 거대한 삼국이 한반도의 반밖에 통일을 하지 못하였다. 역사학자들은 말한다. 부족 국가에서 고대국가로 발전 가능 여부를 불교 수용 여부에 있다고 말하는데, 삼국이 종교가 없었냐? 그 종교가 문자와 역사와 철을 다루는 종교 국가인데 어찌 우리 것도 아닌, 이방 우상 종교를 받아 들어야 고대국가로 성장할 수 있다는 것이냐? 이 말이다. 우리가 우리의 종교와 우리의 사상을 발전시켜 고등 종교로 발전시키지 못해 조선의 국가가 7개 부족 국가로 퇴보하였는데...........

이유야 필자가 뒤에 밝히겠지만 우리의 것을 업신여기고 남의 것을 숭상하는 사대 노예의 사상으로 주체성과 우리의 정체성을 모두 내던지고 관제에서 의복에 이르기 까지 중국 닮기를 그렇게 원했고, 우상숭배와 조상귀신 섬기기를 그렇게 원했으니 갈 곳 없는 우리의 삼신상제의 종교는 애기나 점지해주는 삼신할미로, 하나님께 제천하는 제천행사는 정안수나 떠다 바치고 비는 민속신앙으로 전락하였으니 하늘에 천벌을 받은 것이다.

아니냐?

아니면 아니라고 말해보아라. 지식인이라고 머리가 곧고 목이 곧은 자들이여, 너희가 아는 그 얄팍한 지식으로 내가 밝히는 이 문자에 의한 우리 민족의 종교와 정체성을 밝히는데, 학문으로, 지식으로, 언어학적으로, 신학적으로 아니면 아니라가 아니라 아니면 아닌 이유를 밝히고 아니라고 하라는 말이다. 그럴 실력도 없으면 차라리 말을 하지 말고 침묵을 하라 !

그래도 동맹의 천제를 지내던 고구려가 가상하여 고구려의 후손인 대조영으로 하여금 발해를 세워 중원을 지키게 하였지만 그들 역시 우리 고유의 종교나 정체성을 찾으려 하지 않고 이방 우상종교와 사대사상에 심취하여 중국을 닮기를 원하였으니 하나님은 이 미련한 백성을 어디에 쓰시려 하겠는가?

함석헌 선생을 이를 일컬어 고난의 역사의 시작이요, 그런 고난의 역사 속에 겪는 우리 민족을 길가에 쭈그려 앉은 늙은 갈보라 한탄하며 이스라엘은 이사야나, 예레미아와 같은 선지자가 있어 고난의 이유를 설명이나 하였지만 우리는 그 이유를 설명해줄 선지자도 하나 없는 불쌍한 민족이라고 한탄한 적이 있지만 정말 그러한가?

9. 고려와 후 조선 시대

일련 스님은 수도하는 사람이라 고구려의 멸망 원인을

도교라던가 토착 민족 신앙에 심취하고 불교를 멀리해서 망했다고 멸망의 원인을 종교에서 찾아 그나마 다행이지만 깨달아도 잘못 깨달았다. 자신의 신앙에 기초하여 환국을 "재석야"라 하여 석가의 나라라고 부연 설명하고 있지만 필자가 밝힌 환국과는 상반되는 것이고 불교의 나라인 고려가 거란과 원의 침략에 그리고 왜에 의해 얼마나 많이 침략을 받아야 했으며, 불교의 폐단이 얼마나 컸으면, 조선을 건국한 이성계는 숭유억불정책을 하였겠는가?

그러나 그 역시 잃어버린 우리의 종교와 자아를 깨닫는 데는 한

계가 있었다.

한때 세종에 의해 홍익인간의 정치이념이 있어 우리 글에서 과학에 이르기까지 놀라운 문화혁명이 있었으나

조선 건국이념이 가지는 성리학의 한계, 상하 수직관계의 틀 속에서 인본주의의 조상신이나 섬기는 원시 공동사회의 도덕을 숭상하여 문, 농업을 제일주의로 하고, 상업과 공업을 천시함으로써 농경사회의 틀 속에서 벗어날 수 없었고, 중화제일 사대사상에 빠져 천제를 지내던 국가에서 천자를 숭배하는 신하의 나라가 되기를 자청하였으니, 전란에 실학이 일어난들, 자유 평등사상인 기독교가 전파된들 그들의 뿌리 깊이 곪은 상처는 도려낼 수 없었다.

붕당에, 사화에, 삼정 문란에 외침에 편한 날이 없었으니 말해 무엇 하랴? 백성들의 삶은 피폐할 대로 피폐화되고, 위정자는 백성들의 고혈을 짜 배불리는 탐관오리들의 착취 속에........ 말해 무엇 하랴?

10. 기독교의 도래와 식민지 시대

그 착취당하는 백성들이 불쌍하고 불쌍하여 하나님은

환웅 서자와 웅녀에게 약속하신 여자의 후손을 보냈다. 그분이 바로 성부, 성자, 성령의 삼신 중 한 분이신 예수 그리스도요, 기독교다.

우리의 민속 예언서에는 그분을 鄭도령이라 하였고 소 울음소리를 들어야 그분을 볼 수 있다고 하고, 환란 날에 十승지가 있는 곳에 가야 안전하다고 예언하고 있는데 잠깐 소개를 하면

鄭 : 人+酉+大+阝 유대 나라(고을) 사람으로 영어가 없던 시절 한

자를 이용하여 예수 그리스도, 기독교를 정확히 나타내고 있음(이성계를 木자라 하였고 이여松을 十八加公이라 함에 한 치의 오류도 없음).

犧 : 牛+羊+秀+戈 흠 없는 양과 소를 창으로 죽여 희생 제물이 된 가축을 말하는 것으로 에덴동산에서 아담과 하와가, 아벨이, 노아가, 아브라함이, 그리고 환웅 서자와 단군왕검이 제단(고인돌, 첨성단(대), 환구단)을 쌓고 제를 지내기 위해 소와 양을 죽일 때 내는 소와 양의 울음소리를 말하는 것으로 이는 세상 짐을 지고 가는 어린 양이신 예수 그리스도를 말하는 것으로 십자가에서 " ᄋᆞᆯ리 ᄋᆞᆯ리 라마 사ᄇᆞ -다리" 라는 소리를 들어야 정도령을 볼 수 있다는 뜻임.

十勝地 : 특정 지역이 아니라 글자 그대로 십자가의 승리가 있는 곳, 곧 오늘날의 예수님의 피로 세운 교회를 말하는 것이고 이를 弓弓이라 함에 亞의 파자로 정확히 십자가를 가리킴.

이하 자세한 것은 필자의 저서 「그가 남긴 흔적」을 참조하기 바라며

경천애인과 홍익인간의 건국이념을 깨닫기는커녕

점점 더 이방 우상 종교와 인본주의 성리학에 심취하여 조상귀신의 노예가 되어 살아가는, 그리고 그들의 권력자들에게 착취당할 대로 착취당하는 백성이 안타까워 고조선이 망한 후 이천 년이 지나 지구 한 바퀴를 돌아 우리 민족에게 기독교가 도래하였지만 그들은 이스라엘이 예수님을 십자가에 못 박아 죽인 것과 같이 정도령을 보지 못해 1866년 병인박해 때 그를 믿는 자들을 모두 십자가에 매달아 죽였으니, 하나님은 이제 이민족에게 이스라엘에게 그랬던 것 같이 두 번 속지 않기로 결심하고 행하신다.

이스라엘이 예수님 사후 40년 후(A.D 70년으로 약간의 차이는 있

음) 로마군에 멸망되고 로마로 끌려갔던 것과 같이, 정확히 40년 후인 1905년 일제에 나라가 망(1910년이 아닌 1905년 을사늑약 때부터 보아야 함)하여 역사에도 없던 식민지, 태양신을 섬기는 사탄국 신민이 되었는데 이완용이가 나라를 팔아먹었느냐?, 천만의 말씀이다. 실증사학이니, 식민사관이니 하는 자들은 그렇게 말할 수 있으나 섭리사관을 아는 사람은 그렇게 말할 수 없는 것이다.

환웅 서자에게 여자의 아들인 그리스도를 기다려 죄 사함을 받고 경천애인과 홍익인간을 하라는 우리의 사명을 잃어버리고 이방 우상신과 조상신을 섬기며 간음하는 이민족에게 정신 좀 차리라고 찢고, 흩어 더러는 이방인의 노예로, 그래도 정신을 차리지 못하니까 일천여 회의 외침을 주어 회개할 기회를 주었건만, 그래도 회복할 기미가 없어 마지막으로 약속한 정도령을 보냈건만 그를 믿는 자들을 전부 고목에 매달아 죽였으니,

이스라엘이 바알 신을 섬겨 간음함에 눈알이 뽑히고 쇠사슬에 꿰어 바벨로니아로 끌려가고, 수많은 종들을 보내 회개할 것을 타일러보았지만 보내면 보내는 대로 돌로 쳐 죽이기에, 이번에는 하나님의 아들을 보냈더니 저 아들을 죽여 포도원 농장을 우리가 차지하자고 예수님이 비유로 말씀한 것 같이, 그리스도를 십자가에 매달아 죽일 때

그 피를 우리와 우리 자손에게 돌릴지어다(마태 27:25)

라고 함에 행한 대로 거둔다고 말씀이 씨가 되어 이천 년이나 나라 없는 민족이 되어 세상을 방랑하다 마지막에는 히틀러가 만든 가스실에서 "신은 있는가?" 라며 짐승보다 못한 죽음으로 죽어갔던 것

과 같이 식민지 태양신을 섬기는 사탄국 신민의 노예가 된 것도 모

자라 정신대와 총알받이가 되어 이국땅에서 사탄의 제물이 되어 죽어가는 것도 모자라 마루타라는 인간 실험 도구가 되어 죽어갔으니 천벌을 받아도 천벌을 받은 것인데 헤로도토스가, 사마천이, 토인비가, 랑케가, 시게노가, 이병도가,......그 이유를 알았을까?

몰랐다. 그나마 일연은 불교라는 종교 속에서, 신채호는 "아와 비아의 투쟁"속에서, 함석헌은 "고난의 역사"와 " 씨ᄋᆞᆯ의 ᄋᆞᆯ" 사상에서 어렴풋이나마 말하였지만 정확히 ᄋᆞ리랑, 하나님과 함께하지 않고 사탄과 놀아나다, 발병난다고 하였듯이 경천애인, 홍익인간하지 않은 민족에게 내린 하나님의 천벌이었다.

이스라엘아! 너희는 그 역사의 법칙을 모르느냐!
대한의 아들딸들아! 너희는 그 역사 속에서 우는 소 울음소리가 들리지 않느냐!

> 내가 너로 여자와 원수가 되게 하고 네 후손도 여자의 후손과 원수가 되게 하리니 여자의 후손은 네 머리를 상하게 할 것이요 너는 그의 발꿈치를 상하게 할 것이니라 하시고 (창315)

> 농부들이 그 아들을 보고 서로 말하되 이는 상속자니 자 죽이고 그의 유산을 차지하자 하고 이에 잡아 포도원 밖에 내쫓아 죽였느니라(마태 21:38~39)

11. 3.1 혁명

하나님을 배역하는 이민족에게 두 번 다시 속지 않으려고, 이스라엘을 바벨로니아에게 넘긴 것과 같이 반만 년 역사에도 없었던 이 나라를 야만인이라 문물을 전달해 준 야만인에게 통째로 넘기

셨다. 태양신을 섬기는 사탄국 신민의 노예가 되어 말하지 말라니 말하지 못했고, 죽으러 가라니 죽으러 갔고, 전쟁터에서 몸을 내놓으라니 내놓아야 했고 실험실에서 실험 도구가 되라니 실험 도구가 되어 눈만 멀끔히 뜬 채 말없이 죽어가야 할 때,

아리랑
아리랑
아라리요

머나먼 이국땅에서 둥근 달을 바라보며 눈물로 하나님께 부르짖었더니 광야에서 만나와 메추라기를 주며 하나님만 바라보라고 한 것과 같이 사탄의 종이 되어 사대주의 노예의 삶이 아닌 주인 된 하나님의 자녀로 살라고 독립 정신을 불러주심에 독립선언서에 따라 온 백성이 독립운동을 부르짖는 3.1 혁명이 있었다. 우리 민족사에 그 혁명만큼 커다란 역사적 의미를 부여할 수 있는 사건은 없다. 물론 이 혁명이 기독교만의 주도와 참여로 일어난 운동이라는 의미는 아니지만 천도교와 불교와 기독교가 하나 되고, 사회적 계급을 불문하고 남녀노소 할 것 없이 온 민족이 하나가 되어 독립을 부르짖으니. 이는 노예 생활 속에서 우리 민족의 자아를 찾자는 것이요, 우리 민족의 잃어버린 정체성과 경천애인의 종교를 찾자는 정신 혁명이었다. 종교인들이 주축이 되어 3.1 혁명이 일어났고 그중 당시 이천만 인구 중 1~1.5% 정도의 신도(20~30만)에 불과한 그 한 축을 기독교인들이 담당하여 민족 대표 33인 중 16명이, 비서명 48인 중 24명이 기독교 교인이라 함에 동학농민운동과 3.1 혁명이 성공한 것은 아니지만 그나마 대한민국 임시정부가 탄생하게 되었으니 하나님 말씀에 불순종한 아담이 아니라 하나님 말씀에 순종한 아브라함에게

이제야 네가 하나님을 경외하는 줄 아노라(창22:12)

하신 것과 같이 대한민국 임시 정부가 만들어지고, 정확히 40년(1905~1945년)의 노예 생활이 끝나는 해인 1945년 해방이 되었으니 애굽의 400년의 종살이와 일제 40년의 노예 생활이 다를 바가 없는 것이 아니겠는가? 그 후 3년의 군정을 거쳐 1948년 5월에 이스라엘이 건국되고 8월에 대한민국이 건국되었으니, 이 어찌 우연의 역사법칙이라고 말할 수 있겠는가?

벨렉과 욕단 할아버지가 천국에서 기쁨의 눈물을 흘렸을 것이다. 이스라엘의 역사가 우리의 역사고 우리의 역사가 이스라엘의 역사이다. 그것은 그 역사가 가지는, 다시 말해 생명나무로 나아가는 길을 막으신 역사(구약)를 열고, 생명나무로 나오라는 것(신약), 그리고 생명나무의 생명과를 먹고 영생하라는 하나님의 절대의지 속에 주관하시는 하나님의 법칙이기에 진화론이나, 실증사학이니, 계급투쟁설이니 ....하는 그런 시시한 이론이나 설로는 도저히 설명이 되지 않는 하나님의 법칙인 것이다.

12. 대한민국(남북한 분리) 시대

국가가 건립될 때 이념이 있고 이념의 근본에는 종교가 존재한다. 고조선이 그랬고, 부족 국가가 그랬고, 삼국이 그랬고 고려와 후기 조선이 그랬다. 그러면 대한민국의 건국이념은 무엇인가?.

하나님께 제천하던 인류 최초의 희생의 제를 지내던 하나님만을 섬기던 종교 국가였음을 시성 타고르는 동방의 등불이라는 시에서

"일찍이 아시아의 황금 시기에
빛나던 등불의 하나인 코리아
그 등불 다시 한번 켜지는 날에
너는 동방의 밝은 빛이 되리라"

라며 과거와 장래 일을 함께 예언하고 있다. 아시아의 황금 시기가 언제인가? 역사서에서 얘기하는 환국과 조선. 인류 역사상 이천 년을 지속한 나라, 빛나던 등불이던 그 나라, 적어도 한반도 밖을 나가보지 못하였던 고려와 후기 조선이라고는 말할 수 없다. 일천 회에 이르는 왜침에, 백성들의 삶은 도탄에 빠져

보이는 것은 그저 고집스럽게 얼룩진 어둠뿐…….
어둠과 가난과 인습에 묶여 있는 조선 사람뿐입니다.

그들은 왜 묶여 있는지도
고통이라는 것도 모르고 있습니다.

앞서 선교사가 지적한 대로 이천 년의 삶이 그러하였을 것이다. 그들의 공통점은 천제의 예배를 모두 버리고 외래 우상 종교와 성리학이라는 원시공동체의 군자상과

조상신을 섬기는 신본 사상이 아닌 인본주의 사상을 기본으로 상공을 무시하는 철저히 농경사회만을 고집하는 원시 농경사회다. 그런 사회에서 과학과 기술과 상업이 발전할 수 있었겠는가? 그러니 백성을 쥐어 짜 먹고 ....착취에 착취 공산주의가 그래서 생겨난 것이 아닌가?

그러나 경천애인과 홍익인간을 이념으로 한 환국과 고조선, 동맹의 제천행사를 물려받은 고구려는 그래도 중원을 지배하며 동북아의 절대 강자로 인류문명을 창달하였다고 시성은 말하고 있는 것이고.

그 등불 다시 한번 켜지는 날

다시 말해 고려와 후기조선에 이르러 등불이 꺼졌다가 다시 켜지는 날

그 나라가 도대체 어느 나라라는 말인가?

청교도의 건국이념으로 탄생한 미국의 자유 민주주의를 모델로 건국한 대한민국은 건국의 부가 기독교인이고 영부인이 유태인이다. 그리고 국호 대한과 무궁화, 봉황, 애국가.......수많은 증거들이 모두 기독교를 상징하고 있다.

6.25 전란으로 국가가 위기에 처했을 때 자유세계 국가들이 참전하여 피의 제단으로 사탄의 공산주의 세력을 막아낸, 그리고 도저히 재기할 수 없다고 모두들 얘기하였지만 70년이 지난 오늘날 과거의 피폐했던 폐허는 찾아볼 수 없는 세계 무역 10위국의 위상은 어디서 왔던 말인가?

인구 대비 선교사를 제일 많이 파견하는 나라, 온 도시에 십자가가 환히 불 밝히는 제사장의 나라, 고조선, 고구려 이후 언제 우리가 중원과 세상을 이끌며 세계의 주인이 되었단 말인가? 2년에 한 번씩 외침에 시달려야 했던 이 나라가 어찌하여 70년이라는 평화 속에서 발전을 하며 세계를 이끌고 있는 것인가?

서두에서 말했듯이 우리 민족의 민족성이 뛰어나서가 절대로 아니다. 북한을 보아라. 후기 조선의 농경 사회와 같은 세계 최고의 빈국, 차이점을 찾으라면 그들은 김일성이를 섬기는 우상숭배의 종교요, 우리는 하나님을 섬기는 기독교 국가이다. 세계 종교 역사상 이렇게 빠르게 기독교가 급성장한 나라가 없음은 우리의 민족 종교가 기독교임을 반증하는 것이고 하나님을 찬양하라는 욕단의 후손이 아니고서는, 하나님의 제사장의 나라가 아니고서는 도저히 일어날 수 없는 것이다.

13. 역사의 종말

> 노아가 여호와께 제단을 쌓고 모든 정결한 짐승과 모든 정결한 새 중에서 제물을 취하여 번제로 제단에 드렸더니 (창8:20)

조선의 고인돌은 제천행사를 지내던 제단이며 전 세계의 60% 이상이 한반도에 분포함에 셈의 후손이 아니고서는 에덴동산의 피 흘림의 종교 행사가 아니고서는 설명을 할 수 없는 유물이다.

또한 성경의 욥은 아브라함의 후손이 아니다. 그러나 성경은 생뚱맞게 욥을 등장시켜

> 이 사람은 동방 사람들 중에 가장 훌륭한 자라(욥1:3)

고 기록함에 이는 벨렉의 후손이 아닌 욕단의 후손이 아니면, 그리고 13子 요밥이 아니고서는 설명을 할 수 없는 것들이다. ᄋᆞᆯ이 ᄋᆞ리로 불이 바알로 된 것과 같이 요밥이 욥으로 된 것을 음성학적으로나, 내용상으로나. 역사학적으로나, 혈통학적으로나 이상한 것이 아니며 지극히 합리적이라 할 수 있는 것이고 성경 66권 중 1권의 주인공이 된 것에 이상한 것이라고 말할 수 없는 이유는 앞서 설명하였듯이 모르는 백성을 사용하기 위한 그리고 그 백성에게 정당성과 타당성을 내보이시려고 태초전 예정하신 하나님의 놀라운 섭리가 아니겠는가?

> 큰 자가 어린 자를 섬기리라(롬9:12)

아벨, 셈, 이삭, 야곱, 요셉, 욥........ 공통점은 장자가 아니라는 것이다. 하나님은 하나님의 나라를 건설함에 있어 대부분 장자가 아닌 차자를 선택하셨다. 세례요한과 예수님과의 관계에서도 그

러함과 같이 그 말씀을 응하려 함이 아니었을까? 역사는 그렇게 흘러 왔다. 그렇다면 에벨의 장남인 벨렉이 아우인 욕단을 섬김에 아무런 문제가 없는 것이다.

이스라엘 민족과 성경학자들은 이스라엘만이 선민이고 나머지 민족은 모두 이방인이라고 말을 하는데 셈과 에벨에게 주신 축복이

셈은 에벨 온 자손의 조상이요 (창10:21)

벨렉에게만 흐르고 욕단에게는 흐르지 않을까? 천만의 말씀이다. 욕단에게도 축복이 흐르는 까닭에 욥이 있는 것이고 제2의 선민이 있는 것이다. 그 민족이 누구이겠는가?

패역한 이스라엘 민족에게 시기하고 분노하게 하시려고 너희만 선민이 아니라 진정한 선민은

큰 자가 어린 자를 섬기리라(롬9:12)

함과 같이 에벨의 직계 후손인 욕단의 후손을 들어 마지막 날 쓰시려고 창세 전 미리 계획해 놓으셨다고 기록됨에 필자는 확신하며 이 글을 쓰는 이유이다. 까닭에 사도 바울이 얘기한 것 같이

마지막 날

이스라엘은 교만치 말고 동생인 욕단의 후손을 섬겨 그리스도를 영접하여 구원을 받으라는 하나님의 간곡한 뜻인 것이고. 약속이나 한 듯이 1948년 건국의 대통령과 영부인을 통해 이미 성취되지 않았는가?

또한

하나님이 <u>야벳을 창대하게 하사 셈의 장막에 거하게 하시고</u>

미국과 온 세계 열방이 셈의 후손 중 욕단의 후손인 한국을 도와야 했기에 한국전 때 세계 민족이 한국을 도와 공산주의를 물리쳐 대한민국을 구한 이유이기도 한 것이고 미국과 서방세계와 온 인류가 셈의 후손인 제사장 국가인 한국과 이스라엘의 장막에 거하여야 했기에 오늘날 모든 역사가 하나님의 섭리 안에서 그 목적을 달성하기 위해 기록된 대로 그렇게 흐르는 것이 아니겠는가? .

14. 우리의 역사가 고난인 이유

그러므로 나 여호와가 이와 같이 말하노라 내가 재앙을 그들에게 내리리니 그들이 피할 수 없을 것이라! 그들이 내게 부르짖을지라도 내가 듣지 아니할 것인즉 유다 성읍들과 예루살렘 주민이 그 분향하는 신들에게 가서 부르짖을지라도 그 신들이 그 고난 가운데서 절대로 그들을 구원하지 못하리라 유다야 네 신들이 네 성읍의 수와 같도다. 너희가 예루살렘 거리의 수대로 그 수치스러운 물건의 제단 곧 바알(불,불)에게 분향하는 제단을 쌓았도다.(렘 11:11~13)

오라 우리가 여호와께로 돌아가자 여호와께서 우리를 찢으셨으나 도로 낫게 하실 것이요 우리를 치셨으나 싸매어 주실 것임이라 (호 6:1)

날이 이를지라. 네 원수들이 토둔을 쌓고 너를 둘러 사면으로 가두고 또 너와 및 그 가운데 있는 네 자식들을 땅에 메어치며 돌 하나도 돌 위에 남기지 아니하리니 이는 네가 보살핌 받은 날을 알지 못함을 인함이니라 하시니라(누 19:42~44)

이스라엘이 포로가 되어 바벨로니아로 끌려가는 이유와 예루살렘 성전 파괴와 이천 년이나 나라 없는 백성이 되어 세상을 방랑했는지를 설명해 주는 것과 같이, 조선이 일곱 개 부족 국가로 찢어지고, 고구려가, 백제가 당에 무너지고, 고려와 후기 조선이 망하고 식민지의 노예 생활을 했는지, 대한민국이 왜 흥하고, 우리의 사명이 무엇인지, 북한이 왜 가난하게 망해 가는지 그 이유를 잘 설명해 주는 창조주 하나님의 말씀이라 하겠다. 일연스님이 위 성경 말씀을 깨달았으면 정녕코 고구려의 멸망 요인을 불교에서 찾지는 않았을 것이다.

15. 유대교와 이슬람교인과 기독교인에게 고함

> 그들이 하나님이 아닌 것으로 내 질투를 일으키며 허무한 것으로 내 진노를 일으켰으니 나도 백성이 아닌 자로 그들에게 시기가 나게 하며 어리석은 민족으로 그들의 분노를 일으키리로다. (신32:21)

앞의 도표에서와 같이 중동의 이슬람 국가와 이스라엘의 조상은 아브라함이고 노아와 셈과 에벨의 후손으로서 형 벨렉은 아브라함을, 동생인 욕단은 우리 대한민국의 조상으로 혈통적으로나 종교적으로나 이슬람교인이나 유대인은 형제의 나라이다. 그러나 가인이 아벨을 죽인 것과 같이, 이삭과 이스마엘은 철천지원수가 되어 오늘날 까지 죽고 죽이는 관계다. 에서가 야곱을 섬기고, 요셉의 형들이 요셉을 섬김과 같이, 무슬림과 유대인은,,,,,,. 그리고 세계의 모든 이들은 양의 피의 예배가 있는 기독교의 예배에 참여하여야 한다. 하나님이 카인의 제물을 받지 않아 아벨을 돌로쳐 죽였던 역사의 반복은 오늘날의 중동전쟁으로 확대되어 계속 반복되고 있지만, 필자가 반복의 역사를 밝혀 더 이상 언급하지는 안겠다. 하나님의 축복을 받는 우리 대한민국은 세계 G2 국가로 발돋움하겠지만 아벨과 같이 결코 교만하거나 거만하지 말아야 하며 순종과 겸손으로 하나님이 임재가 있는 축복의 예배로 그들을 인도하여야 할 사명이 있는 것이다. 또한 교황 무오 설이 틀린 것이지 성경에 오류가 있는 것은 아니다. 성경은 오류가 없는 하나님의 말씀이기에 이슬람교나 유대교인은 아래 성경 구절을 눈여겨보고 하나님의 임재가 있는 피흘림의 예배, 다시 말해 예수 그리스도의 예배에 참여하여 축복받기를 간절히 바라는 바이다.

율법을 따라 거의 모든 물건이 피로써 정결하게 되나니 피흘림이 없은즉 사함이 없느니라(히9:22)

그러나 우리나 혹은 하늘로부터 온 천사라도 우리가 너희에게 전한 복음 외에 다른 복음을 전하면 저주를 받을 지어다.(갈1:8)

'누가 철학과 헛된 속임수로 너희를 사로잡을까 주의하라 이것은 사람의 전통과 세상의 초등학문을 따름이요 그리스도를 따름이 아니니라' (골 2:8)

내가 이 두루마리의 예언의 말씀을 듣는 모든 사람에게 증언하노니 만일 누구든지 이것들 외에 더하면 하나님이 이 두루마리에 기록된 재앙들을 그에게 더하실 것이요 만일 누구든지 이 두루마리의 예언의 말씀에서 제하여 버리면 하나님이 이 두루마리에 기록된 생명나무와 및 거룩한 성에 참여함을 제하여 버리시리라(계 22:18~19)

16. 끝내기

환국, 조선, 고구려 때 우리는 중원의 주인이요, 찬란하게 세계 문화를 이끄는 동방의 등불이었다. 그러나 고구려 이후 이방 우상 종교와 사대 노예 사상에 물들어 있을 때 우리의 역사는 고난의 恨의 역사였고, 마지막에는 40년간 노예 생활을 하였지만 그래도 순교자를 낸 나라가 또한 이 나라다. 주나라를 섬기느니 수양산에 들어가 채미를 하다 죽은 백이숙제가 있던 나라가 이 나라요, 일백 번 고쳐 죽더라도 불사이군을 외치던 정몽주와 사육신이 있던 나라가 이 나라요, 경천애인 못 하느니 순교자를 낸 나라가 이 나라요, 신사참배를 거부하다 순교를 당했던 나라가 또한 이 나라다. 시성이 예언했듯이 환국과 조선의 종교를 회복한 대한민국은 6.25의 잿더미 속에서 도무지 재기 할 수 없다고 모두들 말하였지만 단기간에 세계무역 10대 강국으로 성장하였고 민주주의를 반세기 만에 이뤄낸 세계 역사상 그 유례를 찾아볼 수 없는 유대인을 능가하는 우수한 민족이라 칭찬을 아끼지 아니한다. 예술과 한류 문화가 세계를 이끌고 세계의 주인이 되었다. 일세기 만에 전인구의 사분의 일이 하나님을 믿는 기독교의 국가가 되었고 인구 대비 하나님 나라를 전파하는 세계 선교 1위의 나라가 되었다. 인류 역사상 이러한 나라가 어디 있단 말인가? 환국과 단군 조선이 동방과 세계의 주인이 되어 세계 문화와 역사를 이끌며 인류문명을 개화하였다. 이천 년간 세계 역사 속에 존속했던 그 나라는 이스라엘도 아니요, 로마도 아니요, 알렉산더도 아니요, 징기스칸도 아니요, 나폴레옹도 아니요, 오늘날 세계의 패권 국가라고 말하는 미국도 아니다. 그 나라는 환국과 단군 조선 외에는 이 세상에 없다. 그 나라가 그렇게 인류 문명을 이끌 수 있었던 것은 과거의 영국과 오늘날 미국이 그러한 것과 같이 하나님께 제천하며 하나님과 함께하고(鮮) 하나님의 옷을 입어(韓) 하나님을 신뢰하였기 때문에 그러한 것이다. 세계를 리드하는 달러에 "In God we trust"가 적혀 있다. 무엇을 더 얘기하랴! 환국, 단군 조선, 고구려, 대한민국의 공통점은 하나님께 예배하고 기도하는 제천의 종교이지만, 고구려, 신라, 백제, 고려, 후기조선과 북한은 이방 우상신과 조상신과 김일성에게 제사하는 귀신의 종교이다. 그 나라를 비교 검토해 보아라! 우리는 환국이요, 조선이요, 대한이요, 환웅의 후손이다. 우리가 죽으면 단군도, 고구려도, 모두 개죽음이요 우리가 살아야 단군도, 고구려도 대한이 사는 것이다. 지금 비록 하나님의 적장자로서 남북이 대치하고 있지만 반도를 통일하고 대륙을 넘어 만주와 동토와, 유라시아를 넘어 이스마엘의 종교인 이슬람교와 이스라엘의 종교인 유대교인에게, 해양으로는 잡신을 섬기는 일본을 넘어 남중국해와 불토인 인도양을 넘어 **"예수 그리스도의 복음을 전파하라"** 함에 K-RELIGION을 전파해야 하기에 K-Pop, K-Drama, K-Music, K-Food, K-Dress, K-Letter, K- Movie, K-Sport……. 한류가 난리인 것이다.

> 호세아의 글에도 이르기를 "내가 내 백성이 아닌 자를 내 백성이라, 사랑하지 않은 자를 사랑한 자라 부르리라 너희는 내 백성이 아니라 한 그곳에서 그들이 살아 계신 하나님의 아들이라 일컬음을 받으리라 함과 같으니라 (롬9: 25-26)"

> 내가 백성 아닌 자로써 너희를 시기 하게 하며 미련한 백성으로서 너희를 노엽게 하리라 하였고 이사야는 매우 담대하여 내가 나를 찾지 아니한 자들에게 찾은 바 되고 내게 묻지 아니한 자들에게 나타났노라 하였고 (롬10: 19-20)"

국부이신 이 대통령의 종교가 기독교고 영부인이 유대인인 이유는 우리 민족으로 하여금 이스라엘을 구원하라는 하나님이 우리 민족에게 보여 주신 사명이고, 나아가 이슬람 국가들에게 까지 이스라엘이 아닌 우리 민족을 사용하시려 함은 지극히 합당한 것이기에 이 모든 것들이 성경의 예언대로 역사가 성취되고 있으니 제발 예수님 품으로 돌아오라고, 우리 민족을 사용하기 위해 성경에 기록된 대로 그 말씀을 응하려 함에

K-Religion(종교) 이전 K-Literature(문학)로 하여금 그들이 버린 예수 그리스도로 말미암아 우리 한민족을 선민으로 삼아 부유케하고, 노벨 문학상에 버금가는 선택된 선민으로서 축복을 맘껏 누리게 함으로써 "내가 백성 아닌 자로써 너희를 시기 하게 하며 <u>미련한 백성으로서</u> 너희를 노엽게 하리라"를 응하게 하려함에 그의 저서 「그가 남긴 흔적」과 본서 「그날이 오면」은 반드시 번역되어 세계인이 모두가 읽고 구원받아야 할, 특히 이스라엘의 유대교인과 이삭의 형 이스라엘의 후손 이슬람교인들에게는 노엽고 시기함의 계기가 되어 복음 전파의 역사를 종결하기 위한 마지막 재림 전 반드시 성취되어야 할 예언인 것이다.

아리랑(하나님과 함께: with God together)

아리랑 아리랑 아라리요 아라리요	하나님이랑, 하나님이랑, 하나님이시여
아리랑 고개를 넘어간다.	하나님이랑 함께 고개를 넘어간다.
나를 버리고 가시는 님은	하나님을 버리고 가는 님은

십리도 못가 발병난다.

아리랑은

아라랏 산에 정착한 노아의 후손, 욕단과 그의 식솔들이 아리랑(하나님과 함께)이라는 노래를 부르며 카스피해, 파미르, 알타이 산맥.......고개를 넘으며 환하신 이 곧 환한님->하나님(한자로는 桓因)을 찾아 해가 비추는 환한 곳(桓國), 곧 아사달(아사: 일본 朝日, 달은 응달, 양달 등에 흔적을 찾아볼 수 있고, 배달은 "밝은 땅")을 찾아 스발을 향해 예배하며 부른 우리 조상의 한이 서린 인류 최초의 찬송가이다.

또한 여기서의 "나"는 내 마음이 성전이기에 내 몸속에 임재하시는 성령님 곧 하나님을 나타내는 말로 하나님을 떠나지 말라고, 떠나면 병이 나서 죽는다고 외치는 말씀이다.(공무도하가, 처용가, 가시리, 진달래꽃으로 승화)

집을 떠나 방황하는 탕자에게 빨리 하나님 품으로 돌아오라는 하나님의 한과 서글픔이 알알이 세긴 세계에서 가장 슬프면서도 아름다운 노래이기에 세계인으로부터 그렇게 사랑을 받는 것이고, 이는 하나님이 잃어버린 자녀에게 빨리 돌아오라고 울부짖는 애절한 노래인 것이다.

평론

조선은 삼한에 의해 통치한 나라입니다. 삼국유사에 따르면 前漢朝鮮傳云

1) 연나라 때부터 항상 진번조선(眞番朝鮮)을 침략하여 관리를 두고 성을 쌓았다. 진나라는 연나라를 멸망시키고 요동의 변방에 예속시켰으나 漢나라 일어나자 지키기 어려웠기 때문에(爲遠難守) 다시 요동의 새 요새를 고쳐 짓고 패수에 이르러 경계를 삼아 연나라에 예속시켰다.
2) 진번조선의 蠻夷는 연나라와 제나라의 망명자를 복속시켜 왕이 되어 王儉에 도읍을 정하였다.
3) 위만이 조선을 공격하자 조선왕 準은 궁중 사람들과 측근들을 이끌고 바다를 건너(越海而南至韓地) 남한 땅에 이르러 나라를 세우고 마한(馬韓)이라 하였다.

진번조선(眞番朝鮮)은 삼조선 중 2개를 일컫는 말입니다. 辰韓朝鮮, 番韓朝鮮, 馬韓朝鮮을 합해 三韓朝鮮이라 하여 하였고 후일 고종에 의해 대한이 되었고 우리의 국호가 된 것입니다.

상기3)의 기록을 유추할 때 한사군의 한반도설은 조작임을 가능케 하는 구절임에 친일 식민 제국사학자들은 철저한 자아 반성을 통한 자주독립 민족사관의 입장에서 역사는 다시 써져야 합니다.(평양은 평평한 들을 일컫는 보통명사 또는 지금의 한반도에 있는 평양이 아닙니다. 왕검성이 있었던 평양은 "바다를 건너(越海而南至韓地)" 라는 문구를 봄에 지금의 평양이 아님을 말해주는 증거이며 "(爲遠難守)" 라는 단어도 이를 뒷받침하는 간접 증거입니다. 평양의 왕검성은 한반도에 있었던 것이 아니며 식민사학자들의 한사군 한반도설 역시 일제에 의해 조작 왜곡된 역사이기에 반드시 국사책은 다시 써져야 합니다. 그들은 나라뿐만이 아니라 민족의 얼과 종교, 정신을 팔아먹은 악질 매국노들이기에 민족과 역사 앞에 나아가 국민과 하나님께 진심어린 사죄를 하여야 한다고 시인은 말합니다.)

부족국가의 제천의식은 조선의 제천의식에서 유래한 것이며 대표적 유적으로는 강화도의 고인돌이며 이는 제천행사를 지낸 제단의 원형이며, 성경에서는 노아가 단을 쌓고 제를 지냈다고 기록하여 제단을 뒷받침하고 있습니다.(창세기 8장 20절) 한편 인류 역사상 최초의 제천의식은 선악과를 먹고 죄를 범한 아담과 하와에게 양과 소를 죽이게 하고(犧) 붉은 피로 죄악 씻고 제천(祭)예배(拜)후 가죽옷을 입혀(韓) 에덴동산에서 쫓겨 내신 사건이며(창세기 3장 21절) 성경은 제를 지내야 하는 이유(인류의 최초 역사서를 기록한 것은 성경 외에는 없음)를, 그리고 한자는 한결같이 이를 증명하고 있습니다. 그러한 제천의식은 성경에서 아벨, 노아, 아브라함, 그리고 예수님의 십자가의 제(祭)로 이어지지만, 한민족은 노아 홍수 이후 셈의 후손이 동으로 이주하면서 제를 지내오다 조선에서 제천의식으로, 그리고 고구려의 동맹 제천과 부영의 영고 제천…… 등(중국의 고대사에 제천문화는 없음)으로 이어지는바 이는 성경 속 祭拜의 원형입니다. 이후 외래종교의 유입에 따라 제천에서 제사(祭祀)라는 조상을 숭배하는 우상숭배의 종교로 타락 변질되어 원시 고유의 기독교의 제천 원형 문화를 잃어버렸지만 정(鄭)도령 오시는 날 반드시 원형 문화를 회복하라고 우리 민족에게 예언의 말씀을 주셨습니다. 또한 일본의 신사참배 역시 조선의 후예가 망조선 후 일본으로 건너간 변질된 제천의식의 한 형태로서 이 역시 반드시 회복되어야 하는 예배 의식입니다. 하나님을 잃어버리고 아리랑 고개를 넘어가는 민족에게 바벨론 유수에서와 같이 눈알이 뽑히고 혓바닥에 실이 꿰어 끌려감 같이 2,000년간 나라 없이 이방을 배회하며 마지막 날 나찌에 의해 600만이 학살됨과 같이 이 세상은 사탄에 속한 나라이기에 조선이 고구려가 자신의 본래 종교를 잃어버리고 이방 종교에 심취하여 우상을 섬김과 같이 아리랑 고개를 넘어 나라 없는 민족이 되고 40년 종살이한 것도 모자라서 공산주의에 일인 독재의 사탄의 하수인에게 통치되는 오늘날, 모 장군은 한국전을 신과 나의 문제라고 정의를 함에 하나님의 섭리를 이해한 사람이라 말할 수 있습니다. 한사람(아담)이 온 인류를 지옥으로 이끌었지만 한 사람이(예수 그리스도) 온 인류를 지옥에서 구원합니다. 일제 식민지 시절 모두들 신사 참배로 우상을 숭배하고 종용할 때 한 인물(여기서는 한 인물이 아니라 그리스도를 믿고 우상숭배를 하지 않고 순교한 사람을 가리킴. 주기철 목사 등)이 이 민족을 구원하였습니다. 교황도 순교자의 나라라고 우리 민족을 말했습니다. 히로이토 일왕이나 공산주의 창시자나 김일성........ 등은 모두 사탄의 하수인 666입니다. 그들이 어떻게 죽는지(영적 죽음) 요한 계시록은 그들의 죽음을 자세히 기록하고 있고, 예수님 사후 예루살렘을 이방인에게(이슬람교도 등) 내주었던 것과 같이 우리 민족의 명산 백두산과 북녘땅도 우상숭배의 탕감 조건이겠지만 마지막 날 반드시 회복하여야 할 역사입니다. 오늘날 북녘땅이 사탄의 하수인인 공산주의에 회복하지 못한 것과 고조선과 고구려의 옛 영토를 회복하지 못한 것은 솔로몬이 이방신을 섬겨 바벨로니아로 끌려가고 오늘날 이스라엘이 하마스와 같이 영토 분쟁을 겪고 있는 이유와 동일하다 하겠습니다. 고구려, 고려, 조선시대를 넘어 일제 강점기 때 신사 참배는 우상 숭배를 한 우리 민족의 뼈아픈 역사입니다. 나를 버리고 가는 님은 십 리도 못가 발병나신다고 ....함과 같이 하나님은 이 민족에게 말씀하십니다. 이방 우상 종교와 조상신과 김일성이와 같이 사탄에게 빼앗겨 우상숭배의 제사를 지내는 우리 민족에게 경천과 애인 즉 하나님을 섬기는 제천의 옛 예배를 회복하고 내 이웃을 내 몸과 같이 사랑하라고 말입니다.

노아 홍수 이후 샘의 후손이 동으로 이주하며 성경의 말씀, 하나님의 구원의 말씀을 한문 속에 숨겨놓고 마지막 날 열매 맺는 백성에게 포도원을 맡기시며 인류 구원의 사명을 다하라고 더하여 말씀하십니다. (마태복음 21장 33절~46절)

鮮은 양(羊)과 내(魚)가, 韓은 양의 가죽옷(韋)을 입어 정결(日)해진 나(我)를 말합니다. 나(我)는 선악과(果)를 먹고 눈이 밝아져 벗은 줄 알게 되고(裸: 果는 선악과를 형상화하였으며 선악과를 먹은 나는 벗은 것이 부끄러워 옷, 衤이 필요하다) 자신의 범죄 치부를 무화과 잎으로 가렸지만 그것으로는 죄를 사함 받을 수 없어 창을(戈) 손에 들고(手) 정결한 소와 양을 죽여(犧)야만 하는 나(我=手+戈)를 형상화 한 것이고 양과 소는 나(我) 대신 제물이 되신 예수 그리스도의 십자가 제천으로 구원 섭리가 종결됩니다. 역

사(歷)란 에덴동산에서(厂) 생명 있는(ノ) 두 번째 나무인 생명나무(林)에 나아가는 길을 막으신(止) 것(창세기 3장 22절)이라고 한문은 정확히 정의하고 있습니다. 생명나무의 생명과를 먹고 영귀가 되는 것을 막으시려고 생명나무 나아가는 길을 막으시고 에덴동산에서 쫓겨 낼 수밖에 없었던 하나님의 마음은 슬픈 哀(몸에 최초의 옷을 입힌 상태를 형상화)의 상태인 것입니다. 역사를 시작하신 분(생명나무로 나아가는 길을 막으신)도 그분이듯이 생명나무로 나아가는 길을 열어주신 십자가 제의 역사를 B.C와 A.D를 나누신 분도 그분이시고 역사를 끝내시는 분도 그분이십니다. 그래서 전지전능한 창조주 유일신 하나님이십니다.(요한 계시록 23장13절) 한자는 나(我)와 슬픔(哀) 그리고 역사(歷)를 성경에 맞추어 이렇게 정확하게 정의하고 있고 그의 저서 「그가 남긴 흔적」 같이 인간의 생과 사를 다루는........ 철학과 신학, 그리고 역사를 제시하는 책은 이 세상에 없습니다.

공무도하가는 죽음의 강을 넘어 사별해야만 하는(선악과를 먹고 죽게 되고 에덴동산에서 쫓겨 내야하는) 하나님의 슬픔을 표현한 것이며 이는 신라의 처용가와 고려의 가시리로 전래되다 우리 민족의 민요 아리랑으로 승화됩니다. 아리랑 고개를 넘어가는 임은, 하나님을 떠나 사탄으로 가는 님을 말하는 것이고 그 님은 십리도 못가 발병난다고 하나님 품으로 빨리 돌아오라고 예수님은 복음서에서 탕자에 비유하였습니다. (요한복음 2장 13~25)

또한 창(戈)으로 소와 양을 죽이고 옷(衤)을 만듦에 칼(刀)을 사용했음이 처음임에(初) 신석기와 구석기로 역사 분류함은 종교학적으로, 한문 창작 유전학적으로 오류입니다. 청동기 시대에도 석기를 사용했듯이 창과 칼을 만든 소재 역시 초기 인류가 에덴동산에서 사용하였으며 쇠(銕=金+夷) 역시 철(金)로 활을 사용한(弓) 동이 어른(大)이 인류 최초로 사용하였고 한문 역시 성경 말씀을 문자에 담아 잊지 말고 지켜 마지막 날 반드시 구원받으라고 하나님께서 우리 동이 환웅 서자에게 건네준 하나님의 눈물이기에 漢자가 아니며 桓자 라는 것입니다.

桓은 훤하다, 밝다. 그래서 빛나다에서 온 한자식 표현이며 그분은 환한 님 결국 하나님의 어원이며 이는 韓, 桓, 칸 , 훈, 밝(朴), 배달.... 로 이어집니다. 漢이전 이미 글자가 사용되었으며 문헌에 황제가 창힐에게 명하여 창조되었다 함에 더더욱 그렇습니다.

황제는 융웅국(有熊國) 소전의 아들이며 유웅국은 바로 단군의 어머니 곰을 토테미즘으로 하는 우리 국조의 외가이기에 황제 역시 동이 출신인 것입니다. 고조선은 단순한 부족 국가가 아니라 하나님의 종교를 담은, 초기 원시 기독교의 제천문화와 활(弓), 쇠(銕) 8조 법금의 문자를 사용한 강력하고 발달된 종교문화를 갖춘 하나님의 나라였다고 시인은 말합니다. 구약성경을 예수 그리스도의 시점으로 보아야 이해가 되는 것처럼 한문 역시 성경의 시점에서 보아야 이해가 되는 것이고 한문으로 예언된 예언서, 정감록 역시 성경을 통해서만이 풀리는 이유입니다. 대부분의 사람들이 성경과 한문, 한민족과 기독교, 정감록과 성경이 시공적으로 어떻게 관련이 있냐고 물으시겠지만 그래서 전지전능하시다는 것이며 시공을 초월하여 존재하시는 분이기에 가능하다는 것입니다. 기독교는 외래 종교가 아니라 우리 민족 고유의 민속 종교입니다. 그것이 한자 속에, 예언 속에, 문학 속에 그대로 녹아있음을 그것을 보고 도저히 핑계댈 수 없을 것이라 앞서 밝히는 바입니다.

義,美,善,祥,鮮...... : 공통어는 양(羊)입니다. 양은 그리스도를 상징합니다.

鄭 : 酋大阝人(유대 나라 사람, 성령을 입은 큰 나라 사람) : 鄭의 파자로서 유대인 또는 하나님의 성령을 입은 예수 그리스도를 말합니다. 4~5백 년 아니 그 이전 외래종교와 우상을 섬겨 타락한 이 민족에게 원래 종교인 기독교를 회복하라 심과 기독교의 도래를 이미 한문 속에 예언하였습니다. 일연을 통해 하나님의 나라인 환국을 밝힘과 같이 문제가 되지 않는 이유는 창조주 하나님이기에 가능한 것이고 조선의 鮮(魚+羊)은 내가 양과 함께하니 곱다는 뜻이며 조선의 종교가 기독교임을 밝히는 증거라 하겠습니다.

酉,配,匹 : 儿은 하나님의 성령을 형상화한 것입니다. 酉는 상자(匚)속에 하나님의 성령을 담은 아담을, 配는 갈비뼈로 지음받은 그의 또 다른 몸(己) 하와를 형상화하였으나 타락으로 하나님의 성령이 떠나시고 후 그리스도인 예수님을 형상화하게 되었습니다. 亡,凶,兇,.....등 우리 몸에 성령이 없는 선악과 먹고 죄지어 죽을 우리의 몸임을 성경은 말하고 있으며 한문 역시 이를 일치하여 증명하고 있는 것입니다.

光 : 하나님의 성령(儿)을 입은 몸은 빛납니다. 모세와 성화가 그러하듯이(출애굽기 34장:29절~35절) 빛나는 아담 몸과 얼굴을 형상화함. 그러나 선악과를 먹은 우리 몸은 중풍에 걸려(䯋=骨+广+林) 하나님을 잃어버렸습니다.

火 : 선악과를 먹기 전 아담의 몸(人)은 훤히 빛났습니다.

骨 : 아담 몸(口)의 갈비뼈를 취해(冎) 덮고(冖) 살 붙인(肉->月)

아담 몸을 형상화(창세기 2장21절)

示 : 제단(고인돌)에 제지내는 모습을 그리고 우리를 항상 지켜보시는 하나님을 형상화.

祭,拜 : 月은 肉의 변형자로 눕혀 놓은 것을 형상화

고기, 소와 양(肉)을 죽여 손에 들고 용서(又)해 달라고 하나님께(示) 제(祭=肉+又+示)를,
손(手)에 양(羊)의 고기 받쳐 절(拜=手+羊)을
하나님께 (示)삼가 몸과 언행을 단정히 하여 (斤) 빌어(祈=示+斤)
하나님께 (示) 목숨(壽) 살려 달라 빌라고(禱 = 示+壽)

기도(祈禱)하고 예배(禮拜)하고 제천(祭天)하며 목숨 살려 달라고 빌었더니 하나님께서

양(羊) 아래 나(我)를 두시고 의(義=羊+我)롭다
양(羊) 아래 나(人)를 두시고 아름답다(美=羊+人)
양(羊) 아래 나(口)를 두시고 선하다(善= 羊+口) 하시며
양(羊) 옆에 나(魚)를 두시고 곱다(鮮= 羊+魚) 하시며
축복(祝)해 주시니, 하나님과 내가 함께 하니 이보다 더 기쁜 것이 이 세상에 어디 더 있겠습니까?

선악과를 먹게 유혹한 사탄(由)은 하나님의 성령으로 태어난 인류를(儿) 자신의 종으로 삼았습니다. 그것이 바로 鬼(由+儿+厶)입니다. 죽게 된 인류를 제의 희생을 통해 나를 그분의 옆에 두시니(祝) 이것이 바로 축복인 것입니다. "소 울음소리" 그 소리는 바로 정결한(秀) 동물의 희생(犧 = 牛 +羊 + 秀 +戈)을 통한 祭, 다시

말해 십자가 위에서 “다 이루었다” 말씀하신 그 울음소리입니다. 나를 죽이는 것은 귀(由: 에덴동산에서 생명(ノ)이었던 것, 또는 선악과의 생명 곧 사탄을 말함. 인류는 생명과 대신 선악과를 먹고 鬼가 됨)요 나를 살리는 것은 두 번째 나무(林) 생명나무의 과일 田田인데 그 전전이 바로 생명과 이신 예수 그리스도를 말하는 것입니다. 우리는 그분의 피와 살을 먹어야(성찬식으로 승화) 영생을 할 수 있는 것임을 정감록에서 정확히 예언하였습니다. 살생하지 말라는 종교는 무화과 나뭇잎으로 나의 치부를 가려 영원이 구원을 받지 말라는 사탄의 종교이며 피 흘림이 없이는 죄 사함도 없거니(鮮)와 가죽옷을 입지 아니하고서는(韓) 소 울음소리(犧) 역시 들을 수 없는 것이며 생명나무(林)에 나아가 두 번째 열매 인 생명과(田田)를 먹을 수 없는 이유입니다.(히브리서 9장 11절~22절) 또한 殺我者之誰 小頭無足이라 함은 鬼가 아닌 由이며 그의 하수인 음녀(鬼)와 그(由)의 죽음은 요한 계시록에 자세히 기록하고 있고(요한계시록 17~18장)(活我者誰 以在田田은 생명나무의 생명과를 말하는 것으로서 그리스도가 있는 오늘의 교회를 말합니다. 성경 없이 한문을 풀 수 없듯이 한문으로 기록된 예언서 역시 성경 말씀 아니고는 풀 수 없는 것이며 소 울음소리 또한 들을 수 없는 것이며 道下止 하라 함 역시 길이요(道), 진리요, 생명이신 그분께 머물라는 뜻입니다.(요한복음 14장6절) 기독교는 외래종교 이전 한민족 고유의 종교이며 조선과 삼한이라는 국호가 그를 증명하고 있으며 예언서인 정도령은 예수 그리스도의 한문 회자(會字)의 한문식 표현입니다. 예수 그리스도만이 우리의 소망이요 구원입니다.

추천사

- 권준철 목사

함 시인의 상상력은 보통 사람을 넘어선다. 새로운 진리를 찾는 개척자의 심정으로 성경을 연구함에 감탄할 뿐이다.

성경에서 단 몇 절로 된 문장 창세기 10장 30절

> "그들의 거하는 곳은 메사에서부터 스발로 가는 길의 동편 산이었더라"

을 기반으로 하여 셈의 자손인 욕단의 이동 경로를 따라 동쪽으로 이동하여 나라를 세운 민족이 우리라고 새로운 주장을 하며 증명하려 한 것이 흥미롭게 한다. 이 책은 성경에 대한 깊은 이해와 그것과 비추어 한자와 제사에 대한 연구가 없으면 나오지 못할 진귀한 보석과 같다.

로봇이 나오기 전 세대 사람들은 로봇 만화영화를 보며 공상과학이라 생각했다. 컴퓨터가 나오기 전 세대는 불가능한 일이라 생각한 일들이 지금 시대는 일어나고 있다. 이제 로봇은 현실이 되었다. 미래는 꿈꾸고 이루려고 하는 사람들이 만들어간다.

함 시인은 아무도 생각지 않은 뿌리를 찾아 우리의 글의 어원을 에덴동산에서 노아 방주에서 창세기에서 찾고 있으며 우리 민족의 제천행사가 유대 민족의 제사와 일맥상통함을 찾고 있다. 누가 우리의 뿌리를 성경에서 찾아 셈의 자손 욕단이라 감히 주장할 수 있는 사람이 있을까?

함 시인이 지금 작품을 통해서 상상하는 것처럼 성경의 숨겨진 보물을 찾는 노력은 모래밭에서 다이아몬드를 찾는 것보다 더 어려운 일임에 찬사를 보낸다.

함 시인의 작품에서 성경을 모르고는 알 수 없는 내용은 이해할 수 없는 내용이 아니라 성경을 근거로 한 것으로 세상에 예수님을 알리고자 하는 작가의 숨은 의도가 엿보이는 심사숙고한 결실이다. 누구든지 읽고 작가의 세계를 현실로 끌어오려는 노력을 통해 공감할 수 있고, 잊혀진 성경 역사의 한 줄기를 찾을 수 있는 획기적인 작품이 되리라 감히 추천한다.

동방의 떠오르는 태양, 마지막 시대에 쓰임 받는 나라, 예수를 인정하지 않아 빛의 사명을 감당하지 못한 유대의 등불이 옮겨진 대한민국의 사명을 일깨우는 보석 같은 책이 되리라 생각한다.

권 준 철

· 평택대 신학전문대학원 목회학 석사

· 대한예수교 장로회 총회 경기노회 증경노회장

· 주찬양교회 목사

맺는말

필자의 저서 「그가 남긴 흔적」이 출판된 지 5년이 흘러 지금은 유명 대학 도서관에서, 국립 중앙 도서관과 전국 유명 도서관 곳곳에서 볼 수 있고, 교보문고와 유명 인터넷 판매점에 판매 중인 것을 인터넷에서 쉽게 찾아볼 수 있다.

일부 독자는 "당신이 뭐 하는 사람이냐? 도대체 누구냐?" 또는 "함석헌 선생의 아들이냐?" "함석헌 선생과 어떤 관계냐?" "왜 대학에 나가서 강의하지 않느냐?" 등 많은 문의가 와서 답변은 나름대로 하였지만, 함석헌 선생과는 그냥 같은 강릉 함씨(함씨는 강릉과 양근, 2본으로 하나, 형 함부림은 조선 건국 3등 공신으로 강릉으로, 동생 함부열은 고려 충신으로 양근으로 하여 2개의 본을 사용하나 시조를 한 분으로 하여 강릉과 양근을 함께 사용하고 있음)라고 하였고, 대학 때 그분의 사상을 흠모하여 그분의 책을 많이 읽은 독자 정도, 어찌 되었든 필자의 사상이나 글의 필체가 그분의 영향을 받지 않았다고는 할 수 없겠고, 필자의 저서 「그가 남긴 흔적」은 그분의 저서 「뜻으로 본 한국 역사」에 많은 영향을 받았고, 그분이 목말라하시고 꿈꾸었던 새로운 종교와 사상의 출현과 동시 「뜻으로 본 한국 역사」의 완성본이라 해도 과할 것이 없을 것이라 사료 된다.

필자의 역사관이나 종교관이 조금 독특하여 더러는 오해를 받기도 하였지만 젊은 날 진리를 찾기 위해 정신적으로 여러 종교와 철학에 심취한 날이 있었다. 심지어 이단의 종교에 기울여 보기도 하면서, 세상의 진리와 진리이신 절대자를 찾기 위해 방황을 하였지만 절대 진리를 찾지 못했다.

그러나

환란 날에 내가 너를 그냥 두지 않으리라 함과 같이 지천명의 나이에 그분을 만났다. 도마가 보지 않고는 도무지 믿을 수 없다고 한 것과 같이, 그분을 만났고, 젊은 날에 믿기지 않던 성경 말씀을, 이해할 수 없던 성경의 모든 말씀을 성령님이 가르쳐 주심에 성경의 말씀을 깨닫게 되었고,

한 사람과 한 국가에 국한한 역사에 대해, 온 천지 만물을 창조한 창조주에 대해 의문과 불공평에 대해, 하나님께서 하나님을 몰랐던 과거의 사람에 심판하는 것에 대해 지난날의 모든 의문들이 모두 해결되고, 이 모든 것을 또한 깨닫게 하여 주시니 아! 우리 아버지는 공의로우시고 나의 생각을 뛰어넘는 전능자이시라!

우리 민족의 정체성과 역사와 종교와 예언서가 모두 한눈에 꿰뚫어 보이시게 하니 만유는 한 체성이고 진리는 일맥상통하다 함과 같이 천지 만물을 창조하신 분이 한 분이신 것 같이 진리는 오직 그분에 속하나니, 진리는 오직 하나이기에 이럴 수도 있고 저럴 수도 있는 이론이나 가설이 아니라 그럴 수밖에 없다는 법칙이고 원리라는 것이다.

예수 그리스도의 시각으로 보아야 구약과 신약이 보이듯

예수 그리스도의 시각으로 보아야 인류의 모든 역사와 종교와

철학이 풀리는 것이고 이렇게 깨달은 진리를 혼자만 알고 있기에 게으른 종이라 경 맞을까 필자가 글을 쓰는 이유임을 「그가 남긴 흔적」에서 이미 밝혀 더 이상 논하지는 않겠다.

다윗이 성궤를 찾고 기뻐 더덩실 춤출 때
겟세마네 동산에서 땀방울이 핏방울이 되도록 기도할 때
제자들이 나귀 타고 입성하는 주님을 춤과 찬송으로 찬양할 때,
마가의 다락방에서 제자들이 성령을 받고 기도할 때

모두들 긍정적이지는 않고 부정적이었다.

그날이 오면 벌거숭이 춤을 춘다고 어느 시인은 노래했는데, 그깟 더러운 사람이 다스리는 나라를 찾겠다고 그렇게 노래했는데, 죽음이 없는 하나님이 다스리는 그날이 오는데 조용히, 경건히, 엄숙히........, 이보시오 그렇게 해서, 그렇게 간절한 애절함 없이 어떻게 성령을 받겠소?

필자는 정통 기독교에서 세례를 받았고, 예수님으로부터 직접 성령 세례를 받았고, 성부와 성자 하나님으로부터 하나님의 사랑하는 아들이라 확증 받았다. 그러함에 목이 터져라 울부짖었고, 그것도 부족하여, 다윗이 더덩실 춤춘 것과 같이, 예루살렘에 나귀 타고 입성할 때 제자들이 그런 것과 같이,........ 일부 사람들이 미쳤다는 둥, 귀신이 들렸다는 둥, 사탄의 방언이라는 둥 많은 오해로 상처를 받았지만, 뭐 사람들이 예수님 보고도 바알 귀신이 들렸다고 말하였는데 말해 뭐하랴? 말하고 픈 것은 오늘날 한국교회에 마가의 다락방에서 술 취한 것 아니냐?며 비웃는 듯한 것과 구한 말 평양에 떨어진 성령의 불같은 불이 있느냐?는 것이다.

모 목사님은 필자의 저서 「그가 남긴 흔적」을 읽고, "신학을 채 공부하지도 않은 사람이 어떻게 그런 책을 쓸 수가 있느냐?"며 "노아의 홍수 편에서 감명받았다. 신학을 하는 사람이 읽어야 이해를 하지 일반 사람이 읽기에는 좀 어려울 것 같다" 하고 모 장로님은 "이상하게 다 맞는 것 같다." 모 교사는 "기독교가 우리 고유의 종교다." 라는 구절을 읽고 "웃더라!."는 말에 내가 주장하는 것이 허무맹랑하고 엉뚱하다면 어떻게 유명대학교 도서관과 유명 도서관에서 세계 유명 석학들이 쓴 신앙, 역사 서적과 나란히 함께 비치되었는지 인터넷 검색을 해보라고 하였고, 후일 친한 독자들이 내가 쓴 책에 대해 놀라움과 칭찬을 아끼지 않음에 내가 쓴 책이 아니라 성령님이 가르쳐 주어 쓴 책이라고 과감히 얘기한 적도 있다.

"역사는 말한다. 환국과 조선이 제천의 예배를 드리는 민족일 때는 동방의, 세계의 밝은 등불이었지만, 우리가 우리의 종교를 잃고 우상에 심취하였을 때, 사탄의 종이 되어 鬼되고 媿되었다. 성령이 사도 바울더러 아시아가 아니라 유럽을 가라 하심은 수메르 문명의 이슬람을 복음화하기 위해 아브라함 백성이 아니라 환국 백성을 이용하려 하심이 아니었을까? 유럽을 개화하고, 신대륙을 개화하고 그리고 단군조선이 망한 후 이천 년이 되어 이 땅에 다시 오시었다. 아리랑 하지 말라고, 하나님을 떠나 아무것도 할 수 없음을 너희가 역사 속에서 보지 않았냐고, 그리고 그것은 남의 종교가 아니라 본래 너희 조상의 고유 종교인 환웅 서자의 종교였노라고........ 시성과 예언서와 많은 기독교 성령 사역자들이 말한다. 한국에서 새 사상이 나와 남으로는 우상의 나라 일본과 동남아와 인도 등으로 그리고 북으로는 신이 없다고 하는 공산주의 북한과 중국과 시베리아, 중동, 땅끝까지 이르러 예수의 증인이 되어 사명을 다하라고, 다시 한번 불 밝히는 날 동방, 아니 인류의 밝은 빛 되리라는 예언 성취의 사명을 다하라고……."

「그가 남긴 흔적」 맺은 말 중에서

필자는 현재 강원도 속초시에서 거주하며 현대 수 콘도에서 근무한다. 회장님이 구리시 모 교회 장로이시라 그런지 많은 기독교인들이 워크샵 등으로 이곳을 거쳐 간다. 더욱이 선교사들의 교육 장소로 많이 사용되기도 하는바, 한번은 일본과 중국 선교사에게 "한문이 성경에서 왔다"며 필자의 저서를 주며 전도에 사용할 것을 요청하였고, 일부 세미나와 교육 주관자에게 나의 책과 시집을 주며 강의할 용의가 있다고 하였으나 필자가 누군지 잘 모르는 입장에서 강의 시간을 할애하는 것이 쉽지는 않은가 보다.

필자의 이러한 독특한 신학 이론에 의심스러운 듯, 내가 다니는 교회를 묻곤 하는데 필자는 기독교 대한 감리회 온누리 평화교회(주소 : 강원도 속초시 미시령로 3337번길 6-6, 033)633-4392 담임목사 이동민) 집사로서 이단이 아님을 밝힌다. 또한 예언이라는 말에 대해 이단들이 많아서 그런지 예언이라는 말을 사용하지 말라는 모 장로의 말을 들은 적이 있다. 큰 자가 작은 자를 섬겨야 하듯 나는 작은 자다. 그러나 아벨이, 야곱이, 요셉이, 예수님이 그리고 욕단이 작은 자 이듯, 큰 자가 작은 자를 섬겨야 한다고 하듯 벨렉의 후손인 이스라엘과 이스마엘은 작은 자 욕단의 후손 대한민국을 섬겨야 하는 것이고…….. 섬기라 함은 육적인 것이 아니라 영적인 것이다. 왜 하나님은 이어령 같은 큰 자를 사용하지 않으시고 이름도, 돈도, 명예도 없는 타락한 나를 사용하는 것일까? 읽는 자는 깨달을진저......... 아담이 사탄과 놀아나 타락한 후 하나님은 작은 자를 택할 수밖에 없었던 그 슬픔을.......

우리가 세계 대제사장 국이 되어야 하기에

1) 선교사 파송 국가 1위
2) 한류가 세계를 이끄는 것이고
3) 필자의 저서 「그가 남긴 흔적」과 본서 「그날이 오면」이 번역이 되어 세계인이 모두 읽고, 역사가 무엇인지, 하나님의 역사 종결이 무엇인지를 깨닫고 마지막 천국 잔치에 참여해야겠기에,,,,,, 특히 이스라엘과 이슬람교도에게 노하고 시기하게 하기 위해
4) G2 국가가 되어야 하고(세계 전도를 위해)
5) 야벳과 함은 (미국과 세계인 모두) 셈의 장막에 거하라는 말씀을 이루기 위함이며
6) 설악산이 보이는 이곳, 명산에 바이블 랜드가 조성이 되어야 하고(필자의 기도 중 보여주신 하나님의 환상)

예언하는 자는 교회의 덕을 세우나니.....예언하기를 사모하며 방언 말하기를 금하지 말라 (고전14: 4.......39)

예언은 교회의 덕을 세우는 것이지 나를 위함이 아니다. 성경은 말씀이고 말씀은 하나님이시다. 필자가 하는 말이 하늘로부터 왔는지, 사탄으로부터 왔는지의 판단은 독자들의 몫이다.

필자의 저서 「그가 남긴 흔적」과 본서 「그날이 오면」은 이스라엘, 이슬람교, 불교,....... 나아가 세계 모든 인류가 반드시 읽고 역사가 무엇인지, 하나님의 역사 종결이 무엇인지를 깨닫고 하나님의 천국 잔치에 참여하라는 하나님의 마지막 말씀입니다.

온 국민이, 나아가 온 세계인이 본 서적을 읽고, 하나님의 품으로 돌아올 수 있도록 귀하의 애정 어린 관심을 부탁드립니다.

계좌번호 302-0520-8396-61 농협 함영달

그날이 오면

부제: 을 이랑

인쇄 2024년 2월 16일
발행 2024년 2월 26일

지은이 함 영 달
펴낸이 김 언 경
펴낸곳 홍익출판사

주소 / 대구시 중구 명륜로23길 38-4
전화 / 053)421-6700, 427-3627
팩스 / 053)423-5965
등록번호 / 1987년 11월 26일 제1-107호
E-mail / hongick8821@daum.net

정가 13,000원

ISBN 978-89-7826-313-9 03130